學八字這本最好懂

筠綠——著

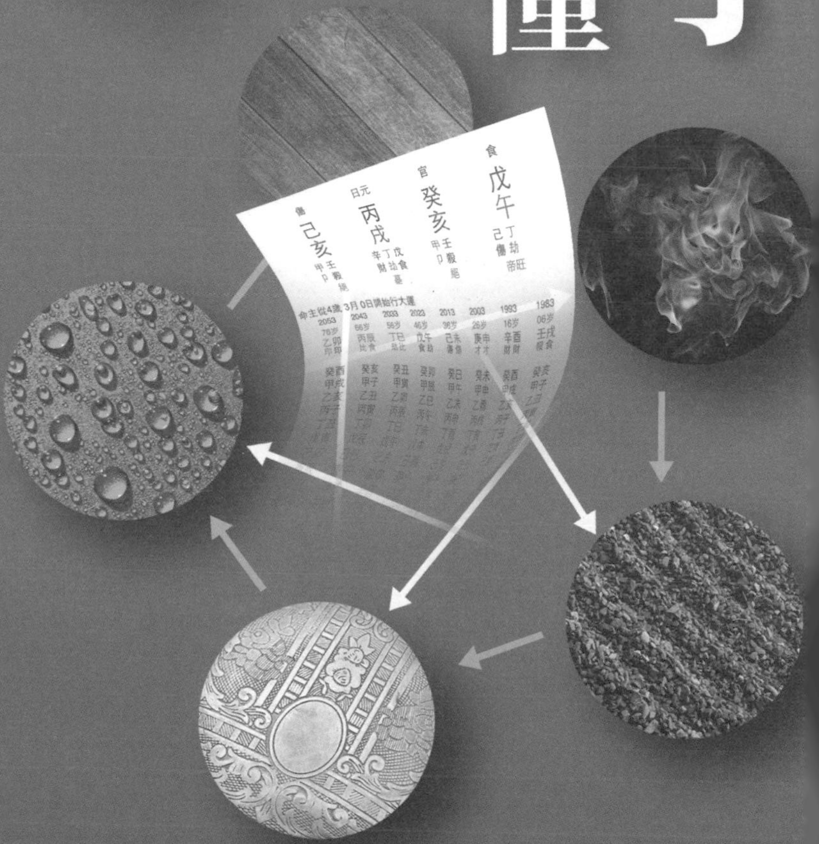

目錄

三 各日主的運勢判斷方法與範例說明

四　相關古文文章參考

序言

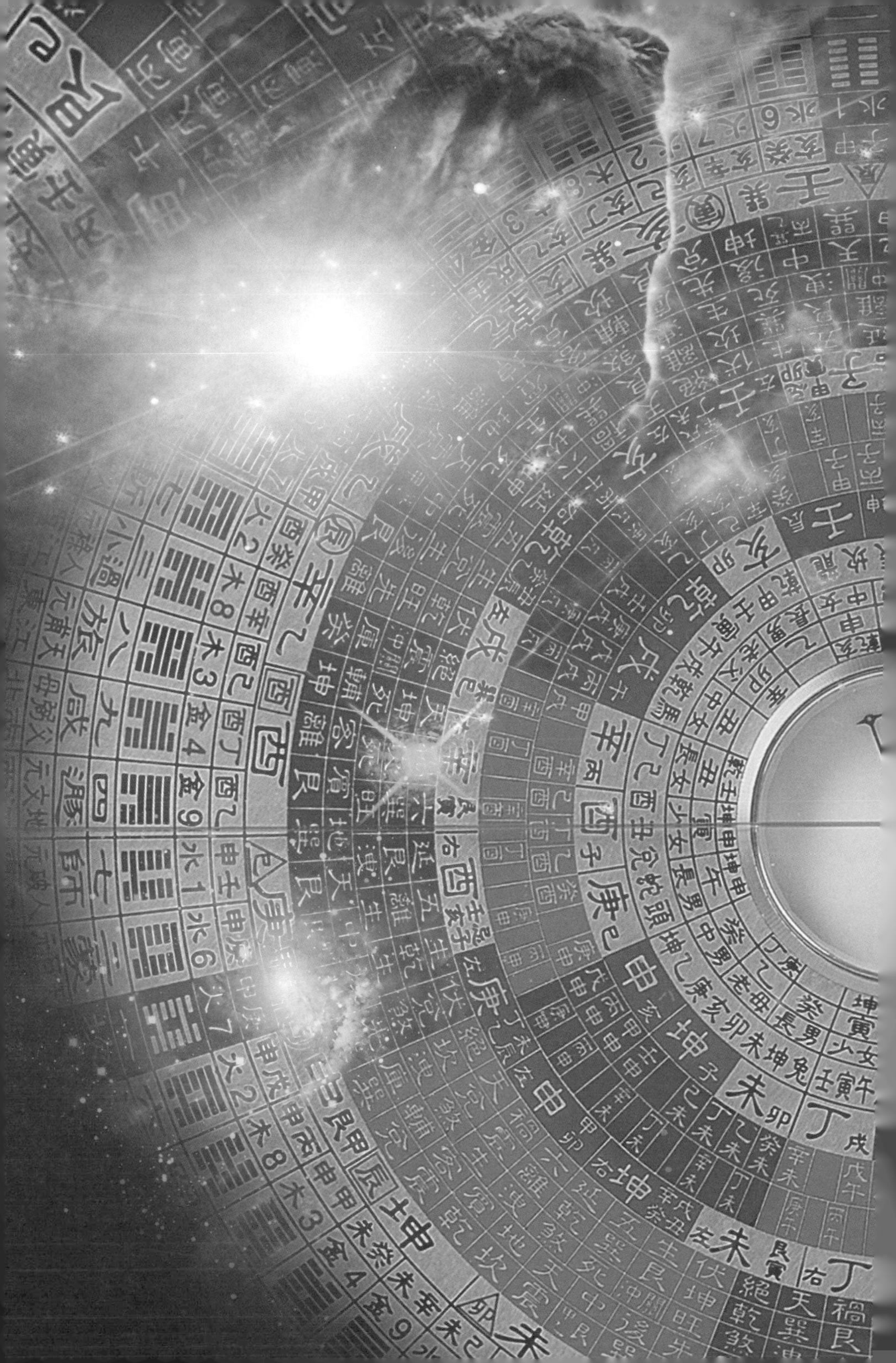

序一

被邀請寫這篇推薦序，非常意外，但是又非常開心，剛好可以藉著這個機會，透過文字，真心對筠綠說一聲：「謝謝！」

二〇一三年，對我的人生來說，是苦痛、心酸、悲憤卻又交織著欣喜、愉悅跟充滿自信的一年。這一年來，我的人生有了遽變，我從來沒有想到，在近不惑之年，對其他女人而言，早該是生活一切安定，只需穩健在人生的路途上前進的時刻，我卻在這一年才選擇顛覆我原本的生活，決心追求一個更寬心自在的未來。這一路非常難走，幾度在黑夜中傷心落淚，煎熬跟掙扎，想要放棄，委曲求全的回到那不堪回首的過去裡，幸好有眾多親友一路相隨陪伴，打氣加油，才能撐過一場又一場的試煉，但更讓我能安心前進的，則是筠綠為我看過命盤後，給我的建議和指引。

認識筠綠這一家人已經有二十多年，她的姊姊是我高中死黨，至今仍為莫逆，高中時代我們一群好友就常常在她們家進進出出，也知道筠綠的母親當時早已是知名的命理老師，基於好奇的心理，我也曾讓伯母算過八字，一則當時還年輕，青春正盛，生活對我來說，最大的苦難不過就是即將要面臨的大學聯考罷了；二則我一向並不是個喜歡算命的人，我總是認為人定勝天，因此，當年筠綠母親為我看的命，叮囑的話，我聽是聽了，卻沒有真正放在心上。直到這一年，諸多婚姻及事業上的艱難險阻一波接一波的來臨，我才依稀想起，伯母曾交代過的事，跟如今筠綠給我的分析，如出一轍，也讓我驚訝於算命這件事，在這對母女身上，表現出來的是一脈相傳，以及不可思議的神準！

然而，這神準論命的真相，其實並不如大家刻板印象中的玄幻，像筠綠這樣一個年紀輕輕的傳奇，她對你娓娓道來的每一句話，都有著強大的科學背景做依據。大學讀的是統計，加上MBA的經歷，只要有機會和她說上一席話，就會顛覆你原本對算命師啦、算命仙啦……的刻板印象！要不是因為認識她這麼多年，光聽她的廣播現場CALL IN，你幾乎不會相信這樣的犀利論命是出自這樣一個年輕女孩之口。她的書裡沒有坊間論命書中艱澀難懂的術語，沒有看了就讓人頭暈腦脹的複雜表格，只有平易近人的文字解說，和她親手悉心繪製、簡單明瞭的圖片，讓即使從來不曾接觸命理的人也能輕鬆進入這看似浩瀚無涯的領域。你的懷疑、你的困惑；你的不安、你的焦慮，都能在她的書中輕易找出解答。

人何時會想要尋求命理師的協助？通常都是在遭遇挫折、變故，或是人生面臨抉擇跟挑戰的時候吧！人生過了大半，雖然自己以往並不愛算命，但陪著長輩、親友四處尋訪的算命先生也不算少，但是，最終我都會建議，「要不要去給我同學的妹妹（指筠綠）算一算？」因為，在面臨無法突破的關卡，一個人感情最脆弱的時刻，總是會遇到千奇百怪的命理師，有一看命盤就大搖其頭，甚或出言恫嚇的，也有舌燦蓮花，說得天花亂墜的，以旁觀者的角度來說，對尋求解答的人，無異於是二度的傷害。而在這方面，筠綠的處理方式則令人覺得安心、平靜。筠綠論命是不見面的，她只在電話中為人解析命盤。許多命理師往往從當事人的穿著打扮、神情談吐去猜測或是揣度他們的職業、背景，以此收集更多的資訊去套用在命盤上，然後再給對方他們所想要的答案，我個人認為這其實已經偏離了算命的主軸。筠綠不需要這個，她從當事人的命盤中就可以看出一個人人生的全貌，你想問的，她都能回答，更難能可貴的是，她能夠用很堅定卻很中肯的語氣去做分析及論斷，不惑人，也不為人所惑。

短短十年，即將要出第五本書，而且本本精彩熱銷，非常不容易！在這裡，我要再次說聲：「筠綠，謝謝妳！」也同時要祝福這位相識多年，形同自己親妹妹一般的天生命理師，新書熱賣，事業更上層樓！

台中　心容中醫診所

院長　洪心容

序二

天干還盡人間道
地支浮生日日嚐
五行斷論莫生業
書盡皆詮不悔藏

神岡天會宮
地藏菩薩　贈序

推薦序

幫筠綠寫序好像是每年的例行功課啊，今年又要談哪個方向呢？

身為臨床醫師，雖然說專業知識和經驗的累積是基本，但是偶爾會遇到一些表現不典型的個案，這時候就得靠醫師的經驗、細心診視，甚至有時候還需要一點對於細微症狀的第六感，找對診療方向；或是偶爾也會看到有些個案找錯就醫方向結果延遲病情的故事；臺灣有句話說「要神也要人」，可以解釋作生病治療需要有好醫師也需要有心靈信仰給予信心，或者是說要找到好醫師其實也需要神的保佑。有時候病人在對症下藥之後恢復健康時，對我說：「謝謝醫師治好我」，我倒是常說「那是天意，只是透過我幫忙而已」。

在科學來說，人定勝天，所有的事情都可以找到科學的解釋，不過我倒是認為我們都是在有限的機會中選擇人生的方向；在印度看到跟著貧窮的媽媽在路邊撿拾石頭一天工資不到2元美金的孩子，那孩子假如有台灣孩子一樣的資源，他努力會得到一定的成就，但是上天讓他生在貧窮的印度鄉村，他再怎麼樣努力可能也不過就是能掙到多1美元的工資而已；不能說我們就順著命運隨波逐流，可是我們也不能否認某些事情命運有他的規劃。

筠綠的論命很準，所以，假如疑惑於某些自己其實心中的某些困境，就找她談談吧；不是聽她告訴你／妳怎麼做，而是讓她幫你／妳聽到妳其實自己不敢聽清楚的內心聲音。

林靜儀　醫師／立委

學歷

台灣大學分子醫學研究所碩士（主修遺傳諮詢）

中山醫學大學醫學研究所碩士（主修臨床醫學）

中山醫學大學醫學研究所博士

專科

青少年醫學專科醫師、婦產科專科醫師、週產期專科醫師

經歷

中華民國 第九屆 立法委員

中山醫學大學附設醫院婦產部主治醫師

中山醫學大學附設醫院遺傳諮詢中心醫師

台灣女人連線理事

民進黨婦女部主任

衛生署國民健康局性別平等工作小組委員

自序

八字命理對很多人來說也許遙不可及，又或者太過艱深困難，雖然從頭到尾都只是天干和地支的組合，看似簡單容易，但真的要去分析卻是非常困難，因為看起來簡單，其實裡面包含的公式原則和理論解釋，卻非常的複雜和繁瑣，就像要解答數學的應用問題，基本功夫的加減乘除和許多公式都要熟練，才能快速準確的解答出來，八字命理也是一樣，每一個命盤都是不同的應用問題，要如何精準的分析運勢現象，當然要有紮實的基本功夫和論命概念，才能準準確確的判斷好壞現象。

「其實八字理論應該回歸到原始的五行，從大自然五行的循環生剋現象過程，就能清楚且準確的看出運勢狀況和走勢」這是非常重要的概念，八字論命以陰陽五行對應在四季氣候的變化做為論命基礎，而八字學理的合理性和準確度也相當禁得起考驗，畢竟它是經過了一段漫長歷史的檢視和洗禮，到現在還是繼續的流傳，總是有一定的道理。

一本好的命理工具書就像一位好的命理老師，既要有正確的教學步驟，也要有深入淺出的教學方式，學生才有清楚的學習方向可以遵循，或許市面上已經有非常多的八字命理書籍可以學到八字的基本理論和公式，但是如何正確的判斷運勢現象，卻大都讓讀者無法類推到每個命盤，甚至覺得模稜兩可不知所措，畢竟八字命理這門學問易學難精，要入門容易要深入卻困難。

這本書是一本很重要也很基礎的八字命理工具書，和筆者的第一本書《遇見未來－輕鬆鬆鬆學八字》一樣，都是在探討八字運勢現象的書籍，而且經過將近十年的歷練和經驗，這本書更深入也更周到，將八字命理的基本理論和原則以更清晰易懂的方式來表現，除了有八字基礎的理論解說之外，也有完整的各日主屬性論命範例，可以讓讀者從入門到進階，一直到命盤論命的應用都能輕易就上手，當然，此書還是有筠綠一直以來的習慣，運用數值與圖表來表現運勢現象，也就是除了附八字命理排盤程式外，還有一個大運與流年的運勢曲線程式，可以讓讀者在分析命盤時有依據可循，這是史無前例的做法，也是負責任的做法，畢竟八字命理是相當易學難精的學問，如果沒有一個好的老師，真的比較難有所精進。

筆者將自己二十幾年來八字命理的功夫，用深入淺出的方式來表達，此書裡面沒有艱深的詞彙，只用白話來解釋所有現象，只要能按照書裡的步驟慢慢去學習和分析，相信即使是新手都可以慢慢成為八字命理專家。

筠綠

一、八字命盤組合解說

八字命盤的內容包含三大部分，本命、大運以及流年。而要排出八字命盤有幾種很方便的方式。

1．排出八字命盤

◎ **程式使用步驟：**

1、將本書所附之光碟置入光碟機中。

2、執行八字排盤程式。

請至**我的電腦**處在**光碟機之圖示**處按下滑鼠之右鍵，選取檔案總管，執行**八字排盤程式**。也可以把整個子目錄複製到電腦裡，對讀者來說排盤程式會更方便使用。

3、執行後，輸入基本資料，會得到一組八字組合、大運、流年。

例：

陳先生	男

八字本命

時柱	日柱(日主)	月柱	年柱	年限
46歲之後	31至45歲	16至30歲	1至15歲	虛歲
戊午	癸巳	丙申	辛亥	四柱干支
15.69	31.38	42.75	55.5	值數
水(4)	水(4)	水(4)	水(3)	別類

國曆60年9月5日午時
農曆辛亥年7月16日午時

大運

59歲至68歲	49歲至58歲	39歲至48歲	29歲至38歲	19歲至28歲	9歲至18歲	年限 虛歲
庚寅	辛卯	壬辰	癸巳	甲午	乙未	干支
—	—	—	—	水(2)	水(2)	別類

流年

30	29	28	27	26	25	24	23	22	21	20	19	18	17	16	15	14	13	12	11	10	9	8	7	6	5	4	3	2	1 +60	虛歲
庚辰	己卯	戊寅	丁丑	丙子	乙亥	甲戌	癸酉	壬申	辛未	庚午	己巳	戊辰	丁卯	丙寅	乙丑	甲子	癸亥	壬戌	辛酉	庚申	己未	戊午	丁巳	丙辰	乙卯	甲寅	癸丑	壬子	辛亥	干支
89	88	87	86	85	84	83	82	81	80	79	78	77	76	75	74	73	72	71	70	69	68	67	66	65	64	63	62	61	60 +60	民國
60	59	58	57	56	55	54	53	52	51	50	49	48	47	46	45	44	43	42	41	40	39	38	37	36	35	34	33	32	31	虛歲
庚戌	己酉	戊申	丁未	丙午	乙巳	甲辰	癸卯	壬寅	辛丑	庚子	己亥	戊戌	丁酉	丙申	乙未	甲午	癸巳	壬辰	辛卯	庚寅	己丑	戊子	丁亥	丙戌	乙酉	甲申	癸未	壬午	辛巳	干支
119	118	117	116	115	114	113	112	111	110	109	108	107	106	105	104	103	102	101	100	99	98	97	96	95	94	93	92	91	90	民國

建議將它列印出來，以方便對照。

◎目前有很多方式都很容易就可以取得八字命盤，像是上網去各大算命網站列印也可，智慧型手機有很方便就可以下載八字命盤程式。

◎亦或是利用最原始的方式使用萬年曆，都可以排出八字命盤，不過要翻閱萬年曆來排八字命盤，則要注意月柱以及大運起運年限的計算，有時候會不小心排錯，所以建議可以再對照電腦程式，或是網路程式排出的命盤內容來確認。

◎關於圖表裡面數值和類別的部分，在這本書裡面並不需要用到，所以可以忽略不管，只要注意八字本命、大運和流年的天干地支就可以，因為數值和類別本來是要來計算運勢曲線，但這本書裡面已經附給曲線程式，讀者只要輸入生日就可以得到大運和流年運勢曲線。

2・八字本命、大運及流年

八字命盤裡面有三大部分，本命、大運及流年，且都是由天干地支組合而成。「八字本命」是根據一個人的出生年月日時對照排列而成，將出生「年月日時」轉化為四組天干和地支。

一般來說，八字本命主要是在判斷一個人的基本個性及家庭狀況。而大運則是在論命中主要判斷運勢的部分，從起運年開始，每十年換一組大運，就是所謂的每十年一大運，每個人都有自己的大運走勢，且必須配合八字本命來討論大運的影響和效應。再加上流年的干支組合，就可以判斷每一年的運勢狀況。

簡單來說，八字本命是代表個性和個人主要的形成條件，像是個人特質、家運現象、家庭成員特質，以及個人水準等，也就是比較屬於個人天生，以及後天形成的一部分。而大運是代表人生一路走來的大方向和感受，像是從小到大的現象和歷程，先不論好或壞，總是一個大方向的人生藍圖，不管是出生家庭的狀況、父母特質和影響、學業順利或不順、出社會後的工作事業狀況，還有感情婚姻的基本現象，以及子息方面的特質……等等，所有的大方向和過程變化，都是從大運來判斷，也所以會是比較讓人有所感受的一個部分。

流年的部分，流年代表著所發生的事件，以及事件的影響和因果，由於流年的意思是每一年，就是說今年有今年的流年，去年有去年的流年，明年有明年的流年，每一年都會有它所代表的天干地支組合，所以流年主要就以年來當單位，而在某個流年裡出現的事情和狀況，會讓當事人對那一流年印象深刻，也所以流年就代表著事件，或是變動現象。

八字本命就像是一部車子，而大運是一輩子的路況，流年則是路上每一個單一事件或所發生的狀況，舉例來說，一個八字本命搭配好的人，就像是一部名貴的進口車，而一個八字本命較不理想的命盤，則就像是一部二手的國產車，是屬於天生的個人條件，但很多時候車子狀況的好與壞，和路況的好壞並沒有關係，所以當大運走勢好的時候，即使是二手的國產車也可以奔馳在一路平坦的高速公路上，相對的，如果運勢不理想，那即便是昂貴的進口跑車，也只能在崎嶇不平的爛泥路或是坑坑巴巴的石頭路上慢慢的走。如果二者要比較的話，其實大運走的理想會比八字本命理想更為重要。

八字論命首先要瞭解自己的日主為何，和屬性為何，先定義自己的五行屬性之後，才能開始八字論命理論。而就前一個範例來說，日主為癸巳日的男命，且大運是從九歲起運，每十年逢九就換一個大運。

二、八字論命基本規則

基本上，每個天干都代表了各別的自然五行元素，還有它在大自然中的代表物，木、火、土、金、水；當然，每個五行元素也都有它的基本作用和功能，如何才能發揮它的作用和達到最佳效果，是這門學問最重要的課題，也是論命最原始所要探討的目標和方向。

1．五行規則解說

八字命理基本上是把所有天干地支都轉換成五行來看的，重要是在於五行元素的旺弱程度有所差異，且會造成相互間影響的現象，而這些現象就會是命盤裡各方面的狀況，所以利用五行現象判斷，就可以瞭解各方面的好壞狀況，因此五行元素相互間的生剋影響，在八字命盤裡是最重要的規則。

◎天干

天干的五行屬性分別為，甲乙屬「木」、丙丁屬「火」、戊己屬「土」、庚辛屬「金」、壬癸屬「水」。

天干的角色定義：

- **甲（陽木）**：一棵大樹，有著實質、堅硬樹幹的樹。
- **乙（陰木）**：除了甲木（樹）之外的植物，可以是爬藤類、花草類等，屬於軟莖類的植物，像黃金葛、萬年青、玫瑰……等。

- **丙（陽火）**：太陽，照耀大地、給予大地溫暖的太陽。
- **丁（陰火）**：溫度，來自各種不同來源的溫度，像火源、氣候……等，屬於較無形體但可以感覺到的項目。
- **戊（陽土）**：高山，或較廣大厚實的土地。
- **己（陰土）**：小丘陵、田園或平原。
- **庚（陽金）**：旺盛的氣流，或大風、強風，在秋天可以變為颱風。
- **辛（陰金）**：雲、霧，或柔和的氣流，屬於較無形但可以感覺到的類別。
- **壬（陽水）**：大水，可以是汪洋、豪雨、大河、大溪或大湖水，也可以是大水壩之水。
- **癸（陰水）**：小水，可以是雨水、霜露、小溪水，甚至是水氣。

（1）天干生剋合化現象

◎五行相生：木生火、火生土、土生金、金生水、水生木。

◎五行相剋：木剋土、土剋水、水剋火、火剋金、金剋木。

．木生火：

「木生火」就像字面上的意思，木可以讓火增大，讓火更旺盛，也讓火的溫度更高且更燥熱。天干甲乙屬木，分別是甲陽木和乙陰木，雖特質和代表物不太一樣，但都是可以有木生火的功能。

在大自然的現象裡，木生火最主要的現象和功能，是木能增加火的溫度與規模，木燃燒能讓火變旺盛，讓溫度提高，也就是木能輔助使火更旺。而在八字命盤裡，如果在年限裡出現甲或乙，再出現丙或丁，不管是在本命、大運或流年之中，甚至是地支代表的木或火，都會是木生火的現象。假設甲日主的命盤，剛好大運走到丙丁運，那很明顯就是木生火的現象。

．火生土：

「火生土」就像字面的說法，丙丁火能讓土變燥熱，能讓土更穩固且更有作用，就像高溫的太陽，能讓土更旺盛，不管土是要「育木」，或是「蓄水」，堅固且有力的土才能有好功能。簡單來說，火是土的生命力，高溫、實質的火，才能更有效的讓土燥熱堅固，所謂火炎土燥，也就是實質有力的火，才能真正幫助到土，如果太弱的火，本身就已經不穩定，當然也很難讓土變燥熱。

而在八字命盤裡，火生土的現象及解釋，在同一個時段之中，出現丙或丁，再逢遇到戊或是己；又或者是當戊或己，再逢遇到丙或丁，就會出現「火生土」的現象，不管是在命盤裡，及大運或是流年中，出現丙丁再逢遇到戊或己，或是丙或丁，再逢遇到戊己，那很明顯就是火生土的現象。

．土生金：

「土生金」，相信很多人對於土生金的認知，都會覺得是從土裡挖出金或是礦物，又或者金是從土裡出來的……等等。但其實在這裡真正的解釋，金是氣流或風，也是雲霧，而土生金的意義，則是高低起伏的大地，會產生出氣流和風，尤其是山邊，很容易就會產生落山風或是山嵐。

基本上，土生金很明顯的，會隨著季節的變化而受影響，也就是會隨著不同的季節變化，氣流的大小與規模都會有很大差異，一年四季裡的氣流大小都不同，像秋天裡的氣流，明顯比較大也比較強烈，而夏天裡的氣流，也就比較微弱，也比較輕淡。在八字命盤裡，土生金的現象及解釋，是出現戊或己，再逢遇到庚或是辛；又或者是當庚或辛，再逢遇到戊或己，就會出現土生金的現象。

．金生水：

「金生水」在這裡的解釋，金是氣流和風，也是雲霧，而金生水就是氣流會產生降雨，即金生水。在大自然的現象裡，當冷空氣遇到熱空氣時，就容易產生下雨現象，且比較旺盛的氣流，則會產生比較多的降雨，像大颱風就會帶來較大的豪雨。基本上，金生水的現象，也是會隨著季節而有所差異，因為是和氣流有密切關係，比較旺盛的氣流才會產生比較多的水，而比較弱的氣流當然也就會是較少的水。

一般來說，當日主為庚辛金，不管是在命盤裡，及大運或是流年中，逢遇到壬癸，就是金生水現象。當然也不只這樣的搭配，應該說在命盤的某一年限裡，同時出現壬或癸，加上庚或辛時，就會是金生水。

▪ 水生木：

「水生木」就像字面上的意思，水要灌溉木，才能讓木得到該有的水分。水對木來說，或對所有的生物來說，都是非常重要且不可缺的元素，所以水生木的現象就非常的重要。基本上，水的過少或過多相當重要，水若太少，木會乾死渴死，但相對的，若是水過多，那很容易就會變成水淹木了。

在八字命盤裡的現象，當壬或癸水，不管是在命盤裡，及大運或是流年中，逢遇到甲乙，則就是水生木的現象。

．木剋土：

「木剋土」就字義上來解釋，甲乙木種植在戊己土上，而不管是在高山或是平原，木大部分都需要土來培育。木剋土的組合，可以從兩個方面來討論，若從木的觀點來看，甲乙木當逢遇到戊己土，且如果是遇到比較弱較無力的土，那對甲乙木來說，當逢剋到不理想的土，木自己本身則無法好好成長，土反而成長不理想的元素；而若是從土的觀點來看，木對土來說是剋我，也是壓力，但因為育木本身就是土的基本功用，所以會變成既是壓力也是展現，畢竟木若長的好就會是有展現的土。

在八字命盤裡，木剋土的現象，可能是日主本身的逢遇，也可能是本命和大運之間的逢遇，或與流年的逢遇。如果在某一年限中同時出現甲或乙，也出現戊或己那就會出現木剋土的現象。

．土剋水：

「土剋水」就字面上來說，就是土可以擋水，可以吸收水，但有一個前提，一定要是很旺的土才有能力擋水，否則太濕軟的土反而讓水氾濫，被水沖走。天干戊己的屬性是土，而天干壬癸的屬性是水。但相對的，若是太旺太燥熱的土，逢遇到較少的水，那水很快就會被土給吸乾，這樣反而把水變不見，並不是理想的治水，就變過度的土剋水，水就會變成不穩定的元素。

在八字命盤裡，土剋水的解釋和現象，可能是日主本身的逢遇，也可能是本命和大運之間的逢遇，或與流年的逢遇，如果出現戊或己，再搭配到壬或癸，那就會有土剋水的現象。

▪ 水剋火：

「水剋火」大家都知道，水能抑制火，就是所謂水剋火，但基本上還要看是如何的搭配，如果是很多的水還可以剋火，若已經是很少的水，很可能無法發揮水剋火的功能。天干壬癸屬水，而天干丙丁屬水。一般來說，水剋火代表水把火降溫，讓火變弱且不穩定，但其實水或是火的比例和旺弱規模，都會影響到互相的旺弱現象。

在八字命盤裡，「水剋火」的現象，可能是日主本身的逢遇，可能是其他柱和大運之間的逢遇，或者是大運和流年的逢遇，當出現丙或丁，再逢遇到壬或癸，雖然不同位置的水剋火，就會有不太一樣的解釋。

‧火剋金：

「火剋金」也許很多人都會認為，是火可以融金，打造金，或是火煉金。但在這裡，金代表氣流或是風，所以火剋金，就是代表高溫會讓氣流變弱，高溫炎熱也會讓氣流變比較活潑，比較不穩定，甚至是降雨。庚辛的屬性是金。基本上，大自然裡的火剋金，高溫燥熱會讓氣流不穩定，但高溫一般來說，比較實質的是夏季的高溫，所以氣流或是風在夏天，就明顯比較弱比較小。但相對的，秋季的氣候比較不穩定，氣候變化比較大，氣溫的變化也較大，氣流就會明顯比較強烈且不穩定，像秋天的颱風，往往破壞力都相當大。

在八字命盤裡「火剋金」的現象，如果丙或丁火，搭配到庚或辛金，就會出現火剋金現象。不過這樣的現象是明顯或不明顯，還是要各別判斷旺弱程度而定的。

▪金剋木：

「金剋木」大部分人的解釋，都會是金屬伐木或是鋸木，或是金屬可以修剪木，但在這裡的解釋，金並不是金屬，而是氣流或是風，而所謂的金剋木，就是強烈的氣流或是颱風，可以傷木斷木，甚至可以把木連根拔起，也就是金剋木。

在大自然的運行中，五行元素都是屬於天然自然形成的現象，當中不摻雜到人為的部分，才是正確永恆的生剋現象。而基本上，金的功能是修飾木，太多的木就需要些削減和修飾，對木來說才會長得更好，不過氣流也不可以太過強烈，太強的風不只是斷枝，一不小心還會將木攔腰折斷，就變成太過度的金剋木，但若是太微弱的氣流，修飾木的效果並不好。

在八字命理中的「金剋木」現象，可能是日主本身的逢遇，可能是其他柱和大運之間的逢遇，或者是大運和流年的逢遇，不同位置的金剋木，就會有不太一樣的解釋，但基本都是金剋木的現象。

◎天干合化：

天干合化一共有五組，即「甲己合土」、「乙庚合金」、「丙辛合水」、「丁壬合木」、「戊癸合火」。

所謂天干合化，簡單來說就是當相合的兩個天干在同一年限中出現，則就會有相合的現象發生，而通常天干相合的影響可大可小，不見得都是不好的變動，有的命盤搭配喜歡天干相合，不過比較大部分的命盤並不喜歡日主天干被合走，所以在判斷好壞上就有一定的影響力。

◎地支

除了十天干之外，地支所佔的份量和影響力也相當大，如果能瞭解地支所代表的意義，也就會更快速的瞭解八字命理的判斷訣竅。

十二地支，簡單來說就是代表農曆的十二個月份，寅、卯、辰、巳、午、未、申、酉、戌、亥、子、丑。

當然還有所謂的十二生肖也是用十二地支來代表，也許大家會覺得生肖是每一年才換，應該是代表每一年，為何又是代表十二月份？其實都是一樣的意思，因為不管是流年還是流月，甚至是流日，都是代表地支的變換。

其實地支在八字論命裡，最重要的意義是它所代表的季節和氣候，因為五行元素在不同的季節和氣候裡，會有不同的樣貌和影響結果，所以地支也相當能影響命盤運勢。

- **寅卯辰**→代表春季，木旺
- **巳午未**→代表夏季，火旺
- **申酉戌**→代表秋季，金旺
- **亥子丑**→代表冬季，水旺

在地支規則裡，土旺在四季，但在八字論命時，土在夏季會是較旺的季節，因為火生土，火能讓土旺，所以火旺土就會旺。

十二地支的代表月份和節氣

地支所代表的是月份，而天干五行在不同的月份會有很不一樣的面貌和狀況，像甲、乙木會在春天很有表現，而在冬天就生長緩慢；丙、丁火在夏天有很實質的熱度，而在冬天就很沒有威力；庚、辛金在秋天很活潑旺盛，而在夏天就很微弱；而壬癸水在冬天很冷很多，但在夏天就很缺乏了。

在開始探討八字命盤前，需要先瞭解各地支所代表的天候和意義。十二地支即：

◎**寅**：代表農曆一月，春季，稍冷，生肖屬虎。陽地支。
◎**卯**：代表農曆二月，春季，微涼，生肖屬兔。陰地支。
◎**辰**：代表農曆三月，春季，舒適，生肖屬龍。陽地支。
◎**巳**：代表農曆四月，夏季，稍熱，生肖屬蛇。陰地支。
◎**午**：代表農曆五月，夏季，炎熱，生肖屬馬。陽地支。
◎**未**：代表農曆六月，夏季，燥熱，生肖屬羊。陰地支。

◎**申**：代表農曆七月，秋季，濕熱，生肖屬猴。陽地支。

◎**酉**：代表農曆八月，秋季，微熱，生肖屬雞。陰地支。

◎**戌**：代表農曆九月，秋季，稍涼，生肖屬狗。陽地支。

◎**亥**：代表農曆十月，冬季，濕冷，生肖屬豬。陰地支。

◎**子**：代表農曆十一月，冬季，寒冷，生肖屬鼠。陽地支。

◎**丑**：代表農曆十二月，冬季，嚴寒，生肖屬牛。陰地支。

（2）地支沖刑害會合

・地支相沖：

在八字理論裡地支相沖一共有六組，即「子午沖」、「卯酉沖」、「寅申沖」、「巳亥沖」、「辰戌沖」、和「丑未沖」，所謂地支相沖，簡單來說就是當相沖的兩個地支在同一年限中出現，則就會有相沖的現象發生，而通常地支相沖的影響可大可小，不見得都是不好的變動，有的命盤搭配喜歡地支相沖，不過比較大部分的命盤並不喜歡出現地支相沖，尤其是當天干搭配起來又出現沖剋，則狀況就會加劇，所以天干的搭配也非常重要。而地支相沖如果是發生在日主的地支，當然影響會最大，也最直接，但如果是大運與流年之間的地支相沖，那對日主來說就不一定會有影響。

其實地支的六組相沖，有它簡單的原理和結構，我們不用去硬背公式，只要用理解的方式來瞭解，相信會更容易學習八字原理，也比較有根據。因為地支通常是代表十兩個月份，最主要的影響力是它的溫度和季節性，從代表農曆一月的寅，一直到代表十二月的丑，一共是十兩個月份，而地支的相冲主要是相距六個月的地支，也會是溫度差異最大的兩個地支，也就是說當溫度差異越大，所產生的相互影響就會越大，舉例來說當十一月的子，逢到五月的午，由於溫度一冷一熱，一冬一夏，所產生的氣候效應也會出現，這就是地支相沖的基本原理。

▪ 地支相刑：

在八字理論裡地支相刑一共有十二種，且分成四種類型：

- 寅刑巳、巳刑申、申刑寅，爲無恩之刑。
- 未刑丑、丑刑戌、戌刑未，爲恃勢之刑。
- 子刑卯、卯刑子，爲無禮之刑。
- 辰辰、午午、酉酉、亥亥，為自刑。

所謂地支相刑，簡單來說就是當相刑的兩個地支在同一年限中出現，則就會有相刑的現象發生，而地支相刑的影響可大可小，且通常都是不太理想的現象，尤其是出現在日主地支與流年之間的相刑。

寅巳申三者所構成的刑，其實在四種類型裡屬於最為嚴重，也比較容易是意外的類型，一般來說，如果在八字本命中包含日主有出現兩個或以上的寅巳申，此人從小到大就容易出現些大大小小的狀況，會感覺不是太順利的人生，而如果在大運或流年出現與日主相刑的地支，則容易有較大的或不預期的狀況，尤其是如果天干又逢到相沖剋，則往往都是不理想的現象。

未丑戌三者所構成的刑，比較屬於入庫的相刑，因為未丑戌各別都代表著一個屬性的庫，未是乙木庫、丑是辛金庫、戌是丁火庫，所以這三個互相的刑，就比較是五行之間的沖刑，而要判斷相刑的現象會是刑到哪一個五刑，則就要搭配天干來判斷。

子和卯的相刑，則比較著重在感情婚姻方面，因為子的支藏天干是癸水，而卯的支藏天干是乙木，但子卯相生而又存在相刑，這其實要各別判斷現象，有時候子刑卯是因為卯木不需要水，而水又太多，所以會對卯木產生危害，所以稱為子刑卯。最後一種自刑，通常也是在日主地支現象會最明顯。

古書有云，三刑生於三合，所以可以用比較容易的方式來記憶。

・申子辰（三合）與寅卯辰（三會），則申刑寅，子刑卯，辰辰自刑。
・寅午戌（三合）與巳午未（三會），則寅刑巳，午午自刑，戌刑未。
・巳酉丑（三合）與申酉戌（三會），則巳刑申，酉酉自刑，丑刑戌。
・亥卯未（三合）與亥子丑（三會），則亥亥自刑，卯刑子，未刑丑。

・地支相害：

八字的地支相害一共有六組，即「酉戌相害」、「申亥相害」、「子未相害」、「丑午相害」、「寅巳相害」和「卯辰相害」，所謂地支相害，簡單來說就是當相害的兩個地支在同一年限中出現，則就會有相害的現象發生，而通常地支相害的影響可大可小，不見得都是不好的變動，不過比較大部分的命盤並不喜歡出現地支相害，尤其是當天干搭配起來又出現沖剋，則狀況就會加劇，所以天干的搭配也非常重要。

而地支相害如果是發生在日主的地支，當然影響會最大，也會最直接。就古書的說法，六合生六害，即：

- 酉與辰合而戌沖之，故酉與戌害。
- 申與巳合而亥沖之，故申與亥害。
- 子與丑合而未沖之，故子與未害。
- 丑與子合而午沖之，故丑與午害。
- 寅與亥合而巳沖之，故寅與巳害。
- 卯與戌合而辰沖之，故卯與辰害。

‧地支三會：

八字的地支三會一共有四組，即「寅卯辰三會木」、「巳午未三會火」、「申酉戌三會金」、「亥子丑三會水」，所謂地支三會，簡單來說就是當相會的三個地支在同一年限中出現，則就會有相會的現象發生，或是出現兩個也可以有半會的現象，而通常地支相會的影響相當大，且常常都是不錯的變動，但還是要注意天干的搭配影響，天干的搭配也非常重要。

而地支三會如果是發生在日主的地支，當然影響會最大，也會最直接。即：

- **寅卯辰三會木（東方）**
- **巳午未三會火（南方）**
- **申酉戌三會金（西方）**
- **亥子丑三會水（北方）**

・地支三合：

八字的地支三合一共有四組，即「寅午戌三合火」、「巳酉丑三合金」、「申子辰三合水」、「亥卯未三合木」，所謂地支三合，簡單來說就是當相合的三個地支在同一年限中出現，則就會有相合的現象發生，亦或是出現兩個也可能有半合的現象，而通常地支相合的影響相當大，且常常都是不錯的影響，不過還是要注意天干的搭配影響，天干的搭配也非常重要。

而地支三合如果是發生在日主的地支，當然影響會最大，也會最直接。

即：

- **寅午戌三合火**
- **巳酉丑三合金**
- **申子辰三合水**
- **亥卯未三合木**

‧ 地支六合：

八字的地支六合一共有六組，即「子丑合土」、「寅亥合木」、「卯戌合火」、「辰酉合金」、「巳申合水」、「午未合火」，所謂地支六合，簡單來說就是當相合的兩個地支在同一年限中出現，則就會有相合的現象發生，不過還是要注意天干的搭配影響，天干的搭配也非常重要。

而地支六合如果是發生在日主的地支，當然影響會最大，也會最直接。即：

- **子丑合土**

．寅亥合木
．卯戌合火
．辰酉合金
．巳申合水
．午未合火

◎天干地支組合

當十天干代入十二地支時，一共會有六十組的干支組合，也就是所謂的「六十甲子」，每六十為一個週期或循環，不管是流年或是流月及流日，都是依這樣的規則做循環。

其實這十兩個地支都有它所代表的天干及五行，所謂的「支藏天干」，即是地支亦是用五行來做代表，每一個地支都有它所代表的天干，當然在論命時也要考慮到地支的五行生剋現象。

當支藏天干裡面只有一個天干，則百分之百就代表此天干的屬性，如果支藏天干裡面有兩個天干，像是午的丁己，則就代表一半一半的威力，而如果支藏天干裡面有三個天干，則中間那個天干會有一半的威力，二邊各會有四分之一的強度，舉例來說，辰的支藏天干是乙戊癸，則戊是主要的代表會有一半的影響力，而乙和癸則各有四分之一的影響力。

- **寅**：甲丙戊
- **卯**：乙
- **辰**：乙戊癸
- **巳**：戊丙庚
- **午**：丁己
- **未**：乙己丁
- **申**：戊庚壬
- **酉**：辛
- **戌**：辛戊丁
- **亥**：壬甲
- **子**：癸

・丑：癸己辛

這些是一般人比較不知道的部分。在這裡也列出所有的六十干支組合，讓讀者有基本概念，而干支組合方式也要注意到陰陽相對照，陽天干就要和陽地支一組，陰天干則要和陰地支一組。

《甲類干支組合》

甲寅、甲辰、甲午、甲申、甲戌、甲子。

《乙類干支組合》

乙卯、乙巳、乙未、乙酉、乙亥、乙丑。

《丙類干支組合》

丙寅、丙辰、丙午、丙申、丙戌、丙子。

《丁類干支組合》

丁卯、丁巳、丁未、丁酉、丁亥、丁丑。

《戊類干支組合》

戊寅、戊辰、戊午、戊申、戊戌、戊子。

《己類干支組合》

己卯、己巳、己未、己酉、己亥、己丑。

《庚類干支組合》

庚寅、庚辰、庚午、庚申、庚戌、庚子。

《辛類干支組合》

辛卯、辛巳、辛未、辛酉、辛亥、辛丑。

《壬類干支組合》

壬寅、壬辰、壬午、壬申、壬戌、壬子。

《癸類干支組合》

癸卯、癸巳、癸未、癸酉、癸亥、癸丑。

在這裡為了要讓讀者能獲得完整的資訊，筆者也把各別的干支組合做評分給數值，這樣能讓讀者更瞭解六十干支的旺弱現象，這些評分的數值是代表旺弱程度，並不是好壞或是其他的意義，旺弱程度如果可以從數值來判斷，則可以清楚知道程度和定位，能省去更多的時間。

數值的給法是從零到一百，越旺的會給越高分，相對的越弱的就會越低分，大概在55到75左右會是屬於中間或適中，而基本上旺弱不代表好壞，只是一個現象，能更瞭解干支組合的旺弱程度。

而此六十干支的數值並不只是代表日主旺弱，是代表所有六十干支組合的各別旺弱程度，且在此書裡的主要目的，是要讓讀者去判斷財運運勢，所以其實重要的是去帶入大運，先瞭解大運的干支組合的現象和旺弱，會更瞭解財運現象。

附圖是六十干支組合旺弱程度的數值，所有干支的一個統整，在這裡要注意的是，金和水元素的旺弱現象和木火土不太一樣，木火土都屬於旺在春夏，而金水則是旺在秋冬，這是五行元素在四季中的不同基本特質。

甲	寅	55	甲	辰	75	甲	午	95	甲	申	70	甲	戌	50	甲	子	15
乙	卯	60	乙	巳	85	乙	未	100	乙	酉	50	乙	亥	30	乙	丑	10
丙	寅	40	丙	辰	70	丙	午	95	丙	申	80	丙	戌	65	丙	子	25
丁	卯	45	丁	巳	85	丁	未	100	丁	酉	60	丁	亥	30	丁	丑	15
戊	寅	45	戊	辰	70	戊	午	95	戊	申	85	戊	戌	70	戊	子	35
己	卯	50	己	巳	90	己	未	100	己	酉	65	己	亥	40	己	丑	20
庚	寅	35	庚	辰	45	庚	午	20	庚	申	95	庚	戌	75	庚	子	50
辛	卯	30	辛	巳	25	辛	未	15	辛	酉	85	辛	亥	55	辛	丑	45
壬	寅	75	壬	辰	50	壬	午	10	壬	申	85	壬	戌	75	壬	子	95
癸	卯	55	癸	巳	20	癸	未	5	癸	酉	70	癸	亥	85	癸	丑	100

（3）基本桃花判斷

「桃花」，在八字命裡桃花的判斷有一定的方式，且是要從日主的地支來看，男女命盤都適用，只是要在天干上做些分別解釋，而在這裡先簡單介紹一下八字裡的桃花判斷。

在八字的桃花判斷有幾個方式，都是以日主地支為判斷基礎，看看是否在大運或流年，或其他狀況的搭配有逢遇到桃花現象。

最原始的桃花公式，是用日主地支來判斷：

◎日主地支為「寅」、「午」、「戌」↓逢遇「卯」。

◎日主地支為「巳」、「酉」、「丑」↓逢遇「午」。

◎日主地支為「申」、「子」、「辰」↓逢遇「酉」。

◎日主地支為「亥」、「卯」、「未」↓逢遇「子」。

這個原則不管是在八字裡，或大運或是流年，只要逢遇到相對應的桃花地支，就會有桃花現象。

在大運或是流年逢遇到桃花地支時，或是在八字本命裡有出現桃花地支，都有不太相同的解釋，因為還要判斷桃花的天干搭配為何，則會有不同面相的桃花，像是正官桃花、正印桃花、劫財桃花、傷官桃花和正財桃花。都有不同的解釋，而當中有些桃花並不是太理想，反而會出現一些不太好的狀況，也可以說是爛桃花。

但以上的判斷公式，是最基本的判斷方式，常常現象也會最明顯，尤其是在流年逢遇到的時候。所以說，從大家的流年運來看，一般流年每三年就會遇到桃花年，但每個遇到桃花年的現象也不會太相同。

2・十神的定義

八字的五行生剋循環，加上陰陽的搭配，一共會有十種現象，也稱為「十神」，而十神有它的名字和意義，所以要先簡單瞭解何謂十神及其解釋，才能從核心去瞭解八字的理論和原則，以及各方面的運勢判斷。以下表格是十神的總整理，右邊是日主天干，上面是其他位置的天干，表格內是十神口訣：

日主天干＼天干	甲	乙	丙	丁	戊	己	庚	辛	壬	癸
甲	比肩	劫財	食神	傷官	偏財	正財	七殺	正官	偏印	正印
乙	劫財	比肩	傷官	食神	正財	偏財	正官	七殺	正印	偏印
丙	偏印	正印	比肩	劫財	食神	傷官	偏財	正財	七殺	正官
丁	正印	偏印	劫財	比肩	傷官	食神	正財	偏財	正官	七殺
戊	七殺	正官	偏印	正印	比肩	劫財	食神	傷官	偏財	正財
己	正官	七殺	正印	偏印	劫財	比肩	傷官	食神	正財	偏財
庚	偏財	正財	七殺	正官	偏印	正印	比肩	劫財	食神	傷官
辛	正財	偏財	正官	七殺	正印	偏印	劫財	比肩	傷官	食神
壬	食神	傷官	偏財	正財	七殺	正官	偏印	正印	比肩	劫財
癸	傷官	食神	正財	偏財	正官	七殺	正印	偏印	劫財	比肩

◎**正官、七殺**：五行屬性剋日主天干屬性（剋我）。同樣是陽的天干，或同樣是陰的天干，就是七殺；當陽逢遇到陰，或是當陰逢遇陽天干，就是正官。

- 日主為甲乙木，若逢遇庚辛金，則金剋木。
- 日主為丙丁火，若逢遇壬癸水，則水剋火。
- 日主為戊己土，若逢遇甲乙木，則木剋土。
- 日主為庚辛金，若逢遇丙丁火，則火剋金。
- 日主為壬癸水，若逢遇戊己土，則土剋水。

正官的意義：一般來說，正官在八字裡也是剋我，可以說是壓力和規範，在個性上的表現，會比較壓抑和有約束，拘謹、負責任，沉著穩重、重形象，也守舊正直。但若正官多，個性會比較膽小怕事，優柔寡斷，卻也固執不易溝通。在八字命盤上，女命裡的七殺，可以論為丈夫、感情婚姻，工作事業，以及壓力。而男命裡的七殺，可以論為工作事業、壓力責任，以及小孩子息。

七殺的意義：一般來說，七殺是偏官，在八字裡是剋我，可以說是壓力和規範，在個性上的表現，會比較敏感，觀察力相當好，積極、有創造力，熱心、有正義感，有責任感、愛面子，很有開創及領導的性格。但若七殺多，個性會比較剛烈叛逆，固執暴躁。在八字命盤上，女命裡的七殺，可以論為丈夫、感情婚姻，工作事業，以及壓力。而男命裡的七殺，可以論為工作事業、壓力責任，以及小孩子息。

◎**正印、偏印**：五行屬性生日主天干屬性（生我）。同樣是陽的天干，或同樣是陰的天干，就是偏印；當陽逢遇到陰，或是當陰逢遇陽天干，就是正印。

- 日主為甲乙木，若逢遇壬癸水，則水生木。
- 日主為丙丁火，若逢遇甲乙木，則木生火。
- 日主為戊己土，若逢遇丙丁火，則火生土。
- 日主為庚辛金，若逢遇戊己土，則土生金。
- 日主為壬癸水，若逢遇庚辛金，則金生水。

正印的意義：一般來說，正印在八字裡也是生我，可以說是福氣或貴人，在個性上的表現，是屬於慈善善良、肯付出，保守穩重、有愛心，重視精神層面，有宗教方面的信仰和修持。但若正印多，會比較懶散，比較依賴，太過固執及自我，也會因太博愛而吃虧。

在八字命盤上，男女命裡的正印，都可以論為母親、長輩和福氣。

偏印的意義：一般來說，偏印在八字裡是生我，可以說是福氣或貴人，在個性上的表現，會比較重視內在的思考，比較固執，在藝術和音樂方面很有天份，哲學思想和信仰方面也有興趣。但若偏印多，會比較沒安全感，且神經質，個性比較偏執，內心也比較孤僻孤獨。在八字命盤上，男女命裡的正印，都可以論為母親、長輩和福氣。

◎**比肩、劫財**：和日主屬性一樣的屬性（同我）。同樣是陽的天干，或同樣是陰的天干，就是比肩；當陽逢遇到陰，或是當陰逢遇陽天干，就是劫財。

- 日主為甲乙木，若逢遇甲乙木，則同樣是木。
- 日主為丙丁火，若逢遇丙丁火，則同樣是火。
- 日主為戊己土，若逢遇戊己土，則同樣是土。
- 日主為庚辛金，若逢遇庚辛金，則同樣是金。
- 日主為壬癸水，若逢遇壬癸水，則同樣是水。

比肩的意義：一般來說，比肩在八字裡是同我，可以說是兄弟姊妹或是朋友，以及人際，在個性上的表現，簡單樸實，重感情重朋友，熱心大方，喜歡幫助別人。但若比肩多，則比較自我及固執，不喜歡受約束，好勝心強，主觀意識強，也自尊心強，愛面子。在八字命盤上，男女命裡的比肩，都可以論為朋友、人際，或兄弟姊妹。

劫財的意義：一般來說，劫財在八字裡也是同我，也是兄弟姊妹或是朋友，以及人際，在個性上的表現，口才不錯，反應好，喜歡交朋友、重感情。但若劫財多，則容易因朋友而勞碌，也容易因別人而影響到財運和感情，比較沒安全感，也容易貪小便宜。在八字命盤上，男女命裡的比肩，都可以論為朋友、人際，或兄弟姊妹。

◎**正財、偏財**：日主天干屬性剋的屬性（我剋）。同樣是陽的天干，或同樣是陰的天干，就是偏財；當陽逢遇到陰，或是當陰逢遇陽天干，就是正財。

- 日主為甲乙木，若逢遇戊己土，則木剋土。
- 日主為丙丁火，若逢遇庚辛金，則火剋金。
- 日主為戊己土，若逢遇壬癸水，則土剋水。

- 日主為庚辛金，若逢遇甲乙木，則金剋木。
- 日主為壬癸水，若逢遇丙丁火，則水剋火。

偏財的意義：一般來說，偏財在八字裡是我剋，可以說是我所要的，想掌控和掌握的，在個性上的表現，有自己的風格，有自信、敢愛敢恨，重視金錢，也容易為了自己的目標而不擇手段，競爭力不錯。但若偏財多，物慾比較高，容易做投機性的投資，好勝心強，常常會比較自私，但也很有毅力。在八字命盤上，女命裡的偏財，可以論為父親、工作事業、財運投資。而男命裡的偏財，可以論為父親、老婆、感情婚姻和工作事業、財運投資。

正財的意義：一般來說，正財在八字裡也是我剋，也可以說是我所要的，想掌控和掌握的，在個性上的表現，比較守舊、謹慎，很有道德觀，很重視金錢，佔有慾也比較強，競爭力不錯。但若正財多，會比較小氣計較，也節儉，固執堅持，也會比較現實。在八字命盤上，女命裡的正財，可以論為工作事業、財運投資。而男命裡的正財，可以論為太太、感情婚姻和工作事業、財運投資。

◎**食神、傷官**：日主天干屬性生的屬性（我生）。同樣是陽的天干，或同樣是陰的天干，就是食神；當陽逢遇到陰，或是當陰逢遇陽天干，就是傷官。

- 日主為甲乙木，若逢遇丙丁火，則木生火。
- 日主為丙丁火，若逢遇戊己土，則火生土。
- 日主為戊己土，若逢遇庚辛金，則土生金。
- 日主為庚辛金，若逢遇壬癸水，則金生水。
- 日主為壬癸水，若逢遇甲乙木，則水生木。

食神的意義：一般來說，食神在八字裡是我生，可以說是我的想法和聰明才智，在個性上的表現，比較傳統比較厚道，很有音樂藝術天份，也很有個人的想法。但若食神多，則容易想太多和鑽牛角尖，但也很有口福和口慾，常常想法也比較不實際些。在八字命盤上，女命裡的食神，可以論為想法、不動產和小孩子息。而男命裡的食神，可以論為想法、不動產。

傷官的意義：一般來說，傷官在八字裡也是我生，可以說是我的想法和聰明才智，在個性上的表現，外相聰明，學習能力強，但也叛逆、任性不服輸，不喜歡修邊幅，喜歡自由。若傷官多，則容易一意孤行，不守禮教，容易會因太犀利，而沖犯長上，雖很聰明，但也很有破壞性。在八字命盤上，女命裡的傷官，可以論為想法、不動產和小孩子息。而男命裡的傷官，可以論為想法，以及不動產。

以上五種五行生剋的現象，各有陽陰的分別，所以一共有十種組合，就是十神。

3・日主之特性與角色定義

八字命盤裡的各「日主」天干之五行定義，及基本個性表現：

• **甲、乙日**：屬「木」，甲為陽木，乙為陰木。木主「仁」，仁慈善良、仁民愛物、溫和樸實、寬大有懷；但若太過則容易猜疑、成見深，及自以為是。

• **丙、丁日**：屬「火」，丙為陽火，丁為陰火。火主「禮」，熱心助人、謙和恭敬、感情豐富、性格光明；但若太過則容易急躁易怒、有始無終，及好大喜功。

• **戊、己日**：屬「土」，戊為陽土，己為陰土。土主「信」，穩重踏實、重視內涵、富同情心、包容力強；但若太過則容易枯燥無趣、不知變通，及不切實際。

• **庚、辛日**：屬「金」，庚為陽金，辛為陰金。金主「義」，剛銳堅毅、富正義感、精明幹練、不屈不撓；但若太過則容易逞強好勝、不知修飾，及無融通性。

• 壬、癸日：屬「水」，壬為陽水，癸為陰水。水主「智」，理解力強、領悟力高、和善親切、急智多謀；但若太過則容易偏執己見、大起大落，及好高騖遠。

◎甲日主的基本特性

樹木（甲木）在大自然環境中，其實大部分都是在吸收陽光、水分和養分，「努力的長、用力的長，長得高、長得好」好像是它們最主要，也是最重要的工作。當然，樹木要長得好，還是要有良好的生長環境，充足的陽光、適度的水分，加上豐沃的土壤，還有適中的天候狀況，不宜太熱也不能過冷，再加上適度且不那麼有殺傷力的氣流。在這種種好條件的環境之下，樹木就能長得相當漂亮、相當好了，像三月份的春季，就是很合宜的天候，而且各項自然要素都很良好，很適合樹成長。

甲木雖然從頭到尾只是不斷在生長、一年復一年的累積，但其實它們每年都要經過一個四季的循環，在春、夏、秋、冬裡都有不同的樣貌和特質，例如，在春天裡長得好，木質不錯；在夏天裡長得很快，但不紮實，也容易有森林大火發生；在秋天裡雖然果實成熟，但考驗多，容易被強風所損傷或被大水沖毀；在冬天裡木質紮實、堅硬，但長得非常地緩慢。所以，好的樹木不能長得太快、也不要太過緩慢，最好是在各項自然環境條件都剛好的狀況下，沒有任何太過或缺乏，才算是最好、感覺最舒服、最有展現的。

另外，甲木還有兩個功能，就是鞏固土壤、緊緊抓住土壤，好防止山崩或土石流失；還有就是能生火，燃燒木材來增加火源和溫度。

甲日主的角色定義

在六十天干地支的組合中，擁有相同天干的組合各有六組，所以還是需要分別的解說及介紹：

以甲為天干的組合共有六組，分別是「甲寅」、「甲辰」、「甲午」、「甲申」、「甲戌」及「甲子」，雖然天干都是甲木，但每個組合都有些差異，所以還是需要更深入的定義和說明：

- **甲寅**：代表農曆一月（大約是國曆的2月4日~3月4日左右）的「甲木」，初春的大樹。一般來說，春天來臨，一月份的大樹慢慢開始透出新芽，但因氣候還是有冬天的寒氣，所以成長的速度不算太快，可是也越來越好，越來越茂盛。「甲寅」簡單來說，就是大地回春，一棵枝幹開始成長、吐新芽的大樹，感覺上充滿了希望和潛力。

- **甲辰**：代表農曆三月（大約是國曆的4月5日～5月5日左右）的「甲木」，春末夏初的大樹。大地呈現出一片生氣勃勃、清明的景象，而此時的甲木，由於氣候環境佳且水分和陽光都充足，也均衡，所以顯得高大、漂亮、有生命力，而且正持續不斷成長中。「甲辰」就是在各方條件都優良的自然環境中的一棵大樹。

- **甲午**：代表農曆五月（大約是國曆的6月6日～7月6日左右）的「甲木」，仲夏的大樹。這樣炎熱高溫的季節，再加上雨水少，所以更顯得燥熱、難解渴，不管是植物或動物。簡單來說，「甲午」就是一棵長得很快、高大、驕傲的大樹，但卻明顯缺少水來灌溉，有乾枯的危機。

- **甲申**：代表農曆七月（大約是國曆的8月8日～9月7日左右）的「甲木」，初秋的大樹。基本上，農作物在秋天要收割了，所謂「秋收」，所以說此月份的樹木應該是枝葉茂盛、果實纍纍，外貌很好的大樹。「甲申」就是一棵成熟、漂亮、果實纍纍的大樹，但卻會因季節及氣候的原因而被剋伐及修削。

• **甲戌**：代表農曆九月（大約是國曆的10月9日～11月7日左右）的「甲木」，秋末的大樹。此時節是一片深秋、金黃色的景象，百花凋零、落葉紛紛，氣候也將進入冬季，露結為霜、氣溫漸低。所以「甲戌」是一棵葉子紛紛落下且已經減緩生長的大樹。

• **甲子**：代表農曆十一月（大約是國曆的12月7日～1月5日左右）的「甲木」，仲冬的大樹。在大陸上，此月份的氣溫已經降至零下，雪花紛飛，農家早就把收成儲藏了，所謂的「冬藏」，植物和昆蟲也進入冬眠狀態，所以說「甲子」就是一棵生長極為緩慢但卻非常紮實的大樹。

◎乙日主的基本特性

「乙」木是代表除了樹木（甲木）之外的植物，但在大自然環境中，其實不管是樹木或哪種植物，其最主要、最重要的工作，都是要長得漂亮、長得好，而且都需要有良好的環境來搭配才行，像充足的陽光、適度的水分，加上豐沃的土壤，還有合宜的天候狀況，不宜太熱也不能過冷，當然還有適度的氣流。若能集合這幾項自然要素互相配合，植物自然會長得相當不錯。

基本上，乙木的特質比較有韌性和彈性，也比較柔軟、不固定型；像爬藤類植物，它可以攀附著大樹或圍牆生長，可以隨著不同的生長環境，有不同的面貌和不同的生長方向，而且生命力強，再惡劣的環境都能生存下來，所以乙木也比較活潑、比較有形狀變化些。

也許從大部分的時間來看，有些乙木植物好像不太受天候影響，不變黃、不落葉……等，但實際上，在四季的循環中，它們還是有著不同的特質和現象，例如，在春天裡長得好；在夏天裡長得很快，卻可能會乾枯；在秋天裡雖然強風多、考驗多，但大都能生存下來，不太會有大損傷；在冬天裡雖然長得慢，但韌性很強。所以，不管在什麼樣的環境下，乙木都能生存，但要長得好，各項自然條件的配合還是很重要的。另外，乙木還有一個功能，就是能生火，來增加火源和溫度，也許威力不強，但多少有幫助。

乙日主的角色定義

在六十天干地支的組合中，擁有相同天干的組合各有六組，所以還是需要分別的解說及介紹：

以乙為天干的組合共有六組，分別是「乙卯」、「乙巳」、「乙未」、「乙酉」、「乙亥」及「乙丑」，雖然天干都是乙木，但每個組合都有些差異，所以還是需要更深入的定義和說明：

- **乙卯**：代表農曆二月（大約是國曆的3月5日～4月4日左右）的「乙木」，仲春的軟性植物。在此仲春之際，農夫剛忙完播種插秧，各種作物正值生長期，加上氣候得宜，所有植物都能獲得充分的水分和陽光。「乙卯」就是內在潛力十足，外在也持續成長的軟性植物。

- **乙巳**：代表農曆四月（大約是國曆的5月6日～6月5日左右）的「乙木」，孟夏的軟性植物。夏季時，春天所播種的作物大都已經長大，而且由於季節和氣候的因素，幾乎所有的植物都繼續且加快的成長，但也由於夏季水分較缺乏，所以「乙巳」會開始有缺水的現象出現。

- **乙未**：代表農曆六月（大約是國曆的7月7日～8月7日左右）的「乙木」，夏季六月的軟性植物。此月份的氣候狀況是氣溫依然漸漸爬升，一天天更加炎熱，而且並未有減低的趨勢，而在此月的植物，雖已經將要成熟，但還是在繼續成長中，所以就更顯得缺水，並也很有可能會乾枯。

• **乙酉**：代表農曆八月（大約是國曆的9月8日～10月8日左右）的「乙木」，仲秋的軟性植物。由於節氣進入了白露及秋分，草木花卉開始凋萎，氣溫也漸漸下降，也由於秋天氣流較不穩定，所以常會有颱大風、下大雨的情況。「乙酉」是開始凋零的草木花卉或生長漸緩的爬藤類植物，且常會有被大風侵害的危機，但並不缺水。

• **乙亥**：代表農曆十月（大約是國曆的11月7日～12月6日左右）的「乙木」，初冬的軟性植物。進入冬天的時序，水慢慢的開始要結冰，大地封凍、蟲蟻開始冬眠，植物也明顯減緩成長的速度，而天上的雨水也因寒氣所逼，凝為霜雪。「乙亥」簡單來說，就是一棵開始進入冬眠而緩慢生長的軟性植物，不但不缺水，反而顯得水太多。

• **乙丑**：代表農曆十二月（大約是國曆的1月6日～2月3日左右）的「乙木」，臘月的軟性植物。此月份是一年之中最冷的月份，河塘的結冰變得更硬了，大地被霜雪覆蓋，所以生物都在靜靜等待著春天的到來。「乙丑」是很有韌性和生命力的植物，雖然在如此惡劣的環境中，還是能努力的生存下來。

◎丙日主的基本特性

「丙」火代表太陽，在大自然環境中，它最主要的功能，就是照耀大地、給萬物帶來陽光和溫暖。如果沒有太陽，大部分的生物及其他元素無法生長，所以它在大環境中是一項相當重要的元素。一般來說，「丙」的特質就像它給人的感覺，比較屬於外向、熱心及外貌好、有禮貌，不過太陽在每個季節，多少都會有些不同的特質。

基本上，「丙」在四季中，都有不同的面額和溫度呈現，而大部分的生物也都跟著它的改變，而有不同的作息和特性出現，像在春天裡，氣候條件佳，有良好的生長環境，萬物欣欣向榮，陽光和氣溫都舒適宜人；在夏天裡，太陽開始發揮威力，大地一片炎熱，雖然植物長得快，但卻明顯缺乏水分，此時的氣溫就太高，讓人受不了；在秋天裡，氣溫開始下降，氣候也開始不穩定，大風大雨，多少都會影響到自然環境和生物生長；在冬天裡，太陽的威力無法發揮，即使是出太陽的好天氣，氣溫還是偏低，所以此時的太陽只是好看卻沒威力，所以萬物都在休息或冬眠。有趣的是，夏天的太陽雖然很有威力，卻讓人受不了，反而是冬天的太陽雖然弱，卻讓人喜愛。

另外，「丙」還有兩個功能，就是若丙夠旺、夠炎熱，像夏天裡的太陽，則能讓「土」（戊己）更乾燥、更旺盛、更能擋風擋水；還有能使氣流（庚辛），不管是旺或不旺的氣流都更活潑、更有威力。也就是所謂的火生土，及火剋金。

丙日主的角色定義

在六十天干地支的組合中，擁有相同天干的組合各有六組，所以還是需要分別的解說及介紹：

以丙為天干的組合共有六組，分別是「丙寅」、「丙辰」、「丙午」、「丙申」、「丙戌」及「丙子」，雖然天干都是丙火，但每個組合都有些差異，所以還是需要更深入的定義和說明：

- **丙寅**：代表農曆一月（大約是國曆的2月4日～3月4日左右）的「丙火」，初春的太陽。俗語說：一月如臘月。表示初春的天氣雖然漸漸暖和，但還是多少延續著冬天的寒冷和濕氣，所以「丙寅」是一月的太陽，還不是很有威力，只是逐漸地回溫，讓大地開始恢復生氣和朝氣。

• **丙辰**：代表農曆三月（大約是國曆的4月5日~5月5日左右）的「丙火」，春末的太陽。此月份的氣候狀況是將要季節交替，由春到夏，氣溫也更加速的上升，此時的太陽是相當的適度，並不太冷也不過熱，能讓大地的生物都獲得充足的陽光。基本上，「丙辰」是非常適中且有作用的太陽。

• **丙午**：代表農曆五月（大約是國曆的6月6日~7月6日左右）的「丙火」，仲夏的太陽。此時節的太陽相當的炎熱且有威力，而且氣溫還是繼續地在上升，完全沒有減低的現象，所以大地會更顯得燥熱、缺水來滋潤。「丙午」是代表非常炙熱、非常亮麗、非常有實力的太陽，而且會使得大地更乾燥。

- **丙申**：代表農曆七月（大約是國曆的8月8日～9月7日左右）的「丙火」，初秋的太陽。基本上，農曆七月的溫度是一個轉折，它延續了夏季的炎熱高溫，加上季節的變換，氣溫由最高點開始下降。在此月也因為秋天的氣候較不穩定，常會有颱大風、下大雨的現象，所以「丙申」氣溫雖然還是高，但卻不穩定，不像夏天那樣的穩定且持續的高溫。

- **丙戌**：代表農曆九月（大約是國曆的10月9日～11月7日左右）的「丙火」，秋末的太陽。深秋的時節，氣溫逐漸下降，因此時的作物大都已經收割，亦不再需要高溫來幫助成長。基本上，「丙戌」的太陽，威力漸弱，加上氣候的不穩定，使得陽光的照射也明顯不穩定。

- **丙子**：代表農曆十一月（大約是國曆的12月7日～1月5日左右）的「丙火」，仲冬的太陽。在大陸，此月份的氣溫已降至零下，雪花紛飛、大地一片雪白，太陽的照射作用在此月無法發揮，但由於較不足，所以就更顯得重要。「丙子」是冬天的太陽、人人喜愛，雖然威力相當弱，但更顯重要。

◎丁日主的基本特性

「丁」代表溫度、熱度，是屬於較無形、較看不到且只能感覺到的元素，它的基本特質和功能，其實和「丙」差不多，也因為「丁」的大部分來源是來自「丙」，所以「丁」在四季及各月份所呈現的威力，也大部分和「丙」相同，例如在夏天裡，太陽威力強，整個大環境的氣溫偏高，此時「丁」的威力也相對很大、熱度很夠，溫度也高，是很實質的「丁」火；但在冬天裡，整個氣候環境都偏冷，太陽威力弱，氣溫低，所以「丁」在此時也相對相當弱，幾乎是感覺不到「丁」的熱度，反而只有低溫寒冷而已。

在基本特質上，「丁」比「丙」活潑、有變化，整個高低溫範圍也比「丙」大，像在最熱的月份，「丁」的熱度比「丙」更高、更旺，而在最冷的月份，「丁」也比「丙」更低溫、更弱些，這也代表屬「丁」的人一般都比較活潑、有變化，思考及反應也比較靈活，可以很外向、也可以很內向，很有彈性。

雖然「丁」是屬於較無形的元素，但也還是有它很重要的功能，除了和「丙」一樣能讓大地更暖和外，較旺的「丁」也還能讓土（戊己）更乾燥、更旺盛、更能擋風擋水，也能讓氣流（庚辛）更活潑、更有威力。即火生土和火剋金。

丁日主的角色定義

在六十天干地支的組合中，擁有相同天干的組合各有六組，所以還是需要分別的解說及介紹：

以丁為天干的組合共有六組，分別是「丁卯」、「丁巳」、「丁未」、「丁酉」、「丁亥」及「丁丑」，雖然天干都是丁火，但每個組合都有些差異，所以還是需要更深入的定義和說明：

- **丁卯**：代表農曆二月（大約是國曆的3月5日~4月4日左右）的「丁火」，仲春的溫度。此月的氣候現象，雖偶有雷陣雨，溫度也是春天的微涼，但氣溫是漸漸且穩定的上升中。「丁卯」溫度雖然不是很高，可是卻很有潛力、持續增強中，也很能發揮幫助萬物生長的作用。

• **丁巳**：代表農曆四月（大約是國曆的5月6日～6月5日左右）的「丁火」，孟夏的溫度。「炎熱」是夏季最明顯的特色，而且此月份的氣溫還是持續且快速地爬升，雖然植物在此時會生長更快速，但是卻會更明顯的缺乏水分滋潤。所以說「丁巳」相當的有威力，也夠高溫，是很實質的「丁火」。

• **丁未**：代表農曆六月（大約是國曆的7月7日～8月7日左右）的「丁火」，夏季六月的溫度。在這炎熱的時節，高溫且穩定，人人汗出如浴，大地一片燥熱，好像再多的水都不夠用，更何況此月份的水本來就不足，所以更顯燥熱。「丁未」就是炎夏的高溫，活躍、有威力，很實質的高溫。

• **丁酉**：代表農曆八月（大約是國曆的9月8日～10月8日左右）的「丁火」，仲秋的溫度。到了中秋時節，氣候狀況還是秋季的不穩定，颱風、下雨，而且水氣漸漸增加，溫度也逐漸下降。所以「丁酉」是秋季不穩定氣候中的溫度，常會因氣流及降雨，而顯得起伏較大。

• **丁亥**：代表農曆十月（大約是國曆的11月7日～12月6日左右）的「丁火」，冬季十月份的溫度。到了冬季，溫度更低了，大地開始封凍，水也開始結冰，而氣溫非但沒有回暖的跡象，反而更嚴寒。「丁亥」是冬季十月的溫度，沒有威力、相當弱，更顯示它只是好看而不好用，但也顯示出高溫在此月的重要性。

• **丁丑**：代表農曆十二月（大約是國曆的1月6日～2月3日左右）的「丁火」，臘月的溫度。此月份是一年之中最冷的月份，溫度最低，大地被雪覆蓋、冷風凜冽。丁火在丑月是弱到最低點，需要等待春天或其他火援才行，所以「丁丑」十二月的溫度，只是一個象徵，它顯現出較實質的部分反而是寒冷和低溫。

◎戊日主的基本特性

「戊」代表高山（厚土），「戊」給人的感覺就像它看起來的穩重、有包容力，而在大自然環境中，它也是一個比較不變動、較固定的元素，這也是「戊」土的特質之一，不管是春夏秋冬，它還是維持著它的穩固，年復一年、屹立不搖。

隨著季節的變換，「戊」土還是會有不同的樣貌和作用呈現，像在春天裡，高山呈現一片綠意，因氣候得宜，且各項自然條件都很適中，所以此時的高山很能發揮育木的功能，可是因為此時戊土比較潮濕，所以在「蓄水」功能就沒有育木好；在夏天裡，大自然環境一片燥熱，顯得很缺乏水源，而此時的高山也是呈現火炎土燥，所以在「育木」方面就沒有「蓄水」功能來得好，因為旺盛的燥土比較有能力在蓄水功能上；在秋天裡，高山呈現一片黃褐色，許多樹葉紛紛變黃，而此季節的氣候狀況也顯得變化大、不穩定，常有大風大雨，所以此時的「戊」土在育木方面就更不理想，沒有比在蓄水功能上好；在冬天裡，高山呈現一片寒冷、雪白，氣候相當低溫，此時的「戊」土在育木功能上是完全無法發揮，除非有高溫出現，而在蓄水功能上，其實水都已結冰，所以要蓄水也顯得有些多餘，感覺較無力，也除非有高溫來融冰。

其實「戊」土隨著四季變化，在育木功能上和「春耕、夏耘、秋收、冬藏」有異曲同工之妙，但在蓄水功能上就不一樣了，若要發揮蓄水功能，就是要有旺盛燥熱的土才行，否則會顯得較無力。

另外，「戊」土還有一個功能是比較沒有季節分別的，那就是它能阻擋氣流，讓氣流減弱，雖然在秋天裡的氣流很活潑、發展很快，也很有殺傷力，但「戊」土多少還能阻擋些氣流的威力。土可以擋金也可以生金。

戊日主的角色定義

在六十天干地支的組合中，擁有相同天干的組合各有六組，所以還是需要分別的解說及介紹：

以戊為天干的組合共有六組，分別是「戊寅」、「戊辰」、「戊午」、「戊申」、「戊戌」及「戊子」，雖然天干都是戊土，但每個組合都有些差異，所以還是需要更深入的定義和說明：

- **戊寅**：代表農曆一月（大約是國曆的2月4日～3月4日左右）的「戊土」，初春的高山（厚土）。

大地回春，一片和煦，草木欣然透出綠意，冰雪開始融化，水分多了，水源充足。

在這春耕的時節，大地開始工作，而「戊寅」育木的作用也開始展現，加上有足夠的水分，植物不會缺水灌溉；但在蓄水的作用上，因氣溫還是有延續冬天的低溫，加上「戊寅」的含水量本來就高，所以會有些濕軟，較不理想。

• **戊辰**：代表農曆三月（大約是國曆的4月5日～5月5日左右）的「戊土」，春末夏初的高山（厚土）。

此時節的氣候和環境條件佳、陽光充足，作物及植物都持續的成長中，水分也充足，但卻開始漸漸減少，不管是蒸發或被大地吸收或流入水庫……等。基本上，「戊辰」在育木的功能上非常理想，在蓄水功能上也相當不錯。

• **戊午**：代表農曆五月（大約是國曆的6月6日～7月6日左右）的「戊土」，仲夏的高山（厚土）。

炎熱高溫的氣候，加上雨水較少，缺水的現象更為明顯，此時的「戊午」屬於非常的高溫燥土，在育木的作用方面，雖還不錯，但卻嚴重缺乏水源；在蓄水作用方面，會更堅實、更理想些。

• **戊申**：代表農曆七月（大約是國曆的8月8日～9月7日左右）的「戊土」，初秋的高山（厚土）。

此月份的氣候是一年之中最高溫，但由於溫度到頂點後開始下降，加上氣候的多變化、氣流不穩定，所以容易颳大風、下大雨。基本上，「戊申」是高溫燥熱的厚土，但是因氣候變化大，所育的木容易被大風給剋伐、大雨沖刷，所以在育木作用上已經不理想；但在蓄水的功用上會更適合。

- **戊戌**：代表農曆九月（大約是國曆的10月9日～11月7日左右）的「戊土」，秋末的高山（厚土）。

在這深秋的時節，氣溫明顯越來越下降，大地一片金黃色，作物都已經收割完畢。基本上，因為氣候狀況的關係，「戊戌」在育木作用上已經不理想、不適宜了；但在蓄水的功用上會更適合、更有效果。

- **戊子**：代表農曆十一月（大約是國曆的12月7日～1月5日左右）的「戊土」，仲冬的高山（厚土）。

大地一片嚴寒、冰凍，山上積雪、地面被雪覆蓋，河塘都已結冰。所以此時的「戊子」在育木的作用上，因為天候的關係，無法發揮功用；而在蓄水作用上，也由於水分充足加上水都結凍了，根本不需要費力，相對也顯得不太能發揮效用。

◎己日主的基本特性

「己」代表田園或平原（薄土），它和「戊」比較起來，是屬於比較薄的土，但「己」土的基本特質卻和「戊」土差不多，也是穩定、固定，且有包容力。

在不同的季節裡，「己」土也會呈現出不同的樣貌和功能，在春天裡，田園一片欣欣向榮，加上氣候得宜，所以狠適合培育作物和植物，此時的己土就很能發揮「育木」的功能，但卻因比較潮濕而在「蓄水」功能上較不理想，而基本上「己」土本來就比較無法蓄較大量、較旺盛的水；在夏天裡，田園呈現一片乾燥，需要較多的水源，而此時的「己」土較旺盛，在蓄水功能上也會比較理想些；在秋天裡，作物即將收割，加上氣候多變化，所以已經不適合再發揮育木的功能，而在蓄水功能上，卻也不是那麼理想了，因為此時的「己」土無法控制太大量的水，反而容易被沖垮而流失；在冬天裡，大地一片冰冷，「己」土也變得又濕又冷，所以完全無法發揮育木作用，而且在蓄水功能上也是無法發揮，除非有高溫，否則別無他法。

基本上，「己」土在秋冬季節都比較難發揮作用，所以「己」土比較理想的狀況是高溫及旺盛的狀態，而且「己」土也比較不能承受大量的水沖擊，容易流失；再者，「己」

土若要用來育大樹木（甲），其實也比較不適合，會顯得壓力太大而無法承受，會有無法負荷的弊病。

另一方面，「戊」土還能阻擋氣流，但對「己」土來說卻不太夠力，因為「己」土是屬於薄土，不像高山一樣巨大，所以無法有阻擋氣流的功用，這是很明顯的差別。

己日主的角色定義

在六十天干地支的組合中，擁有相同天干的組合各有六組，所以還是需要分別的解說及介紹：

以己為天干的組合共有六組，分別是「己卯」、「己巳」、「己未」、「己酉」、「己亥」及「己丑」，雖然天干都是己土，但每個組合都有些差異，所以還是需要更深入的定義和說明：

- **己卯**：代表農曆二月（大約是國曆的3月5日～4月4日左右）的「己土」，仲春的田園或平原。在這仲春的時節，天候和自然環境佳，田園裡已經開始培育作物，己土的育木作用已經開始展現，一分一寸都能孕育出不錯的作物。「己卯」很能展現育木的特質，而且也不會有缺水的現象；但在蓄水作用方面，卻顯得土薄且鬆軟、較不夠力。

• **己巳**：代表農曆四月（大約是國曆的5月6日～6月5日左右）的「己土」，孟夏的田園或平原。此月份由於氣候開始逐漸炎熱，大地也開始出現水分不充足的現象，「己巳」雖還是很能展現育木的作用，但卻因缺乏水分，而有乾枯的危機；但在蓄水作用上，因本身就是高溫燥熱、相當旺盛且堅硬的土，所以此作用的效果也會不錯。

• **己未**：代表農曆六月（大約是國曆的7月7日～8月7日左右）的「己土」，夏季炎熱的田園或平原。夏季最高溫的月份，其實很明顯就能知道，此月份更為缺水，高溫燥熱，很多地方都裂開了，雖然作物在此月份已經長成，但還是需要足夠的水源來灌溉。「己未」的植物和作物很缺水，但另一方面，卻更能顯示它的旺盛，能發揮蓄水作用。

• **己酉**：代表農曆八月（大約是國曆的9月8日～10月8日左右）的「己土」，仲秋的田園或平原。秋天的氣候變化大，氣流很不穩定，常會颳大風、下大雨，溫度也是逐漸在下降，使得土地的含水也慢慢增加。基本上，「己酉」是秋收之後的田園，大致上都在休耕或不栽種主要作物了，加上旺盛的氣流常會損傷作物，所以在育木作用上，並不理想；

在蓄水作用上，也因土質較鬆軟而效果不佳。

‧**己亥**：代表農曆十月（大約是國曆的11月7日～12月6日左右）的「己土」，初冬的田園或平原。進入冬天的時節，大地開始結凍，水也慢慢開始凝結，此時的田園都已休耕，平原及山丘都呈現一片寒冷、寧靜。基本上，「己亥」已經不適合育木；雖然水源充足，但都慢慢開始結冰，加上土質太濕、太冷，所以蓄水的工作也會較無力。

‧**己丑**：代表農曆十二月（大約是國曆的1月6日～2月3日左右）的「己土」，臘月的田園或平原。此月份是一年之中最冷、溫度最低的月份，大地被雪覆蓋、一片嚴寒，河水結冰，萬物都等待著春天的到來。「己丑」雖有豐富的水源，但在育木及蓄水的作用上，都顯得條件不理想，嚴重缺少熱源。

◎庚日主的基本特性

「庚」代表大氣流或強風，是屬於較無形但可以感覺到的元素，而且在大自然中，「庚」也是屬於變化較大、較不穩定的元素，它不像土一樣會一直在那裡固定且不變動，所以

「庚」有不固定、無法捉摸的特質，若是氣流夠旺盛、威力強，那會對木有很明顯的損傷，而若氣流很微弱時，甚至會感覺不到，所以是起伏很大的元素。

「庚」在四季裡會有不同的表現和作用，像在春天裡，氣候狀況良好，氣流屬於春風，不是很旺盛，所以對木的殺傷力不大，而在造成降雨（生水）方面，也是屬於適中，即使下雨也是春雨，不是太大量；在夏天裡，天氣炎熱，氣流顯得更微弱，幾乎只有熱風，威力也不強，這樣的「庚」屬於較弱，所以既沒有殺傷力，也無法造成降雨，即使有也是些小陣雨；在秋天裡，因氣候變化大且不穩定，此時的氣流就相對相當活潑、旺盛，而且有威力，會對木有很大的損傷，很容易就把樹連根拔起或折斷，而在造成降雨方面，也是很能帶來相當大的雨量；在冬天裡，氣流變得低溫、寒冷，雖然還算旺盛，但卻較不活潑且不太移動，而它還是能帶來不錯的降雨或降雪。

一般來說，「庚」金的兩個功能是「剋木」和「生水」，但最好的情況是不要「太過或不及」的發揮此二項功能，最好是修剪樹木和降適當的雨，才不會造成大環境的缺失，反而變成不好的作用。「庚」還有一個特質，就是當遇到高溫燥熱的環境，也許會有些減少，但卻會讓「庚」金更活潑、更不穩定且更有威力，所以旺盛的「庚」金是相當犀利，且很有「遇熱則強、遇冷則弱」的特質，反而是遇到「戊」（高山）會因被阻擋而減弱威力。

庚日主的角色定義

在六十天干地支的組合中，擁有相同天干的組合各有六組，所以還是需要分別的解說及介紹：

以庚為天干的組合共有六組，分別是「庚寅」、「庚辰」、「庚午」、「庚申」、「庚戌」及「庚子」，雖然天干都是庚金，但每個組合都有些差異，所以還是需要更深入的定義和說明：

- **庚寅**：代表農曆一月（大約是國曆的2月4日~3月4日左右）的「庚金」，初春的大氣流或強風。一月的氣溫延續了冬天的寒冷，但是溫度緩慢在上升，此月份的氣流並不旺盛，並沒有很強大的風。基本上，「庚寅」是春天的風，屬於弱的氣流或風，威力不強，較無法造成氣流對流而下雨，也較難發揮修削樹木的功能。

- **庚辰**：代表農曆三月（大約是國曆的4月5日~5月5日左右）的「庚金」，春末的大氣流或強風。在這季節即將交替之際，氣候較不穩、多變化，相對氣流顯得有些起伏，常有陣風、陣雨產生。基本上，因氣候條件良好，適合萬物生長，「庚辰」又是很適中的春風和氣流，所以對大地而言，大都只有幫助而比較沒有損傷。

- **庚午**：代表農曆五月（大約是國曆的6月6日～7月6日左右）的「庚金」，仲夏的大氣流或強風。高溫燥熱的季節，幾乎沒什麼強風和氣流，只是偶爾有出現些小陣雨。由於氣溫高，加上太陽的照射，地面呈現一片火炎土燥的現象，所以「庚午」就顯得相當脆弱、沒有威力，既下不了雨，也颳不起大風。

- **庚申**：代表農曆七月（大約是國曆的8月8日～9月7日左右）的「庚金」，初秋的大氣流或強風。此月份是氣溫高溫的轉折點，氣候在此季節也是很不穩定，容易颳大風、下大雨，氣流旺盛，而且強風都很有威力，動不動就能將大樹連根拔起，或下大雨造成土石流。「庚申」是很旺盛、不穩定、很強勁的氣流，且常會將降雨及修削樹木的作用發揮過頭，而導致不良結果。

- **庚戌**：代表農曆九月（大約是國曆的10月9日～11月7日左右）的「庚金」，秋末的大氣流或強風。秋季氣候變化大，雖然此月份已經是秋末，氣溫也一路下降，但氣流還是屬於旺盛的，颳強風、下大雨還是偶會發生。雖然「庚戌」大氣流的威力正慢慢減弱，但偶爾還是會不小心就將樹過於伐剋，所以它的威力還是蠻強勁，且能帶來大量降雨。

• **庚子**：代表農曆十一月（大約是國曆的12月7日～1月5日左右）的「庚金」，仲冬的大氣流或強風。此月份的大環境是一片低溫、寒冷，感覺上空氣都凝結了只剩下寒氣，而此時的氣流都是寒流，不管氣流旺不旺盛、強不強，都相當寒冷，寒風刺骨。所以「庚子」算是旺盛、犀利的氣流，在帶來水分（下雨、下雪）方面也很有威力。

◎ 辛日主的基本特性

「辛」代表小氣流及雲霧，其實「辛」和「庚」很相似，都是屬於較無形但能感覺到的元素，而且「辛」也是有多變化、不穩定且無法捉摸的特質，但在相較之下，「辛」卻是較小規模，威力較小的氣流，如果要「辛」像「庚」一樣把整棵大樹連根拔起，是相當的困難，所以它們還是有程度和特質上的差別。

在四季裡，「辛」也會表現出不同的樣貌和功能，像在春天裡，氣候狀況良好，此時的「辛」是春風，不是很旺盛，所以威力屬弱，對木的殺傷力不大，也不太能帶來多少降雨，即使下雨也是細雨，不是太大量；在夏天裡，天氣炎熱，「辛」就更微弱了，幾乎感覺不到，無法有功用可言，而「辛」也明顯是被高溫所削弱的；在秋天裡，因氣候狀況的不穩定，常有大風大雨，此時的「辛」就相對相當活潑、旺盛，而且較有威力，既能造成大量降雨，也能對木有相當的殺傷力；在冬天裡，「辛」氣流變成寒流，低溫、犀利，卻較不活潑、不太移動，縱使能帶來不錯的降雨或雪，但對樹木卻不會有像庚對木的嚴重損傷。

其實「辛」和「庚」一樣，都要有高溫才會更活潑、更有威力，但若是在夏季的「辛」，像「辛未」、「辛巳」，就不太適合再遇到其他的高溫，否則會讓「辛」更微弱，反而造成火「太過」而辛「不及」的現象，但「庚」卻比較不會有這樣的問題，因為「辛」是屬於規模較小的氣流，它本身不喜歡過冷或過熱的環境，適合穩定的氣候狀況。基本上，「辛」的兩個功能也是「剋木」和「生水」，但最好的情況是不要遇到太旺盛的高溫及樹木，因為「辛」會無法負荷壓而產生問題，反而變成不好的作用。

辛日主的角色定義

在六十天干地支的組合中，擁有相同天干的組合各有六組，所以還是需要分別的解說及介紹：

以辛為天干的組合共有六組，分別是「辛卯」、「辛巳」、「辛未」、「辛酉」、「辛亥」及「辛丑」，雖然天干都是辛金，但每個組合都有些差異，所以還是需要更深入的定義和說明：

- **辛卯**：代表農曆二月（大約是國曆的3月5日~4月4日左右）的「辛金」，仲春的雲霧或小氣流。

春天的氣流屬於春風，狀況非常良好、適中，大環境條件也很好、很適合萬物生長，氣候也很穩定，不會有颳大風、下大雨的情況。春風和煦，空中的雲霧也相當柔和、乾淨，所以說「辛卯」是屬於不旺盛，且不具任何殺傷力的和風，也無法帶來多餘的水分，但此月份也並不缺水，所以都算適中。

- **辛巳**：代表農曆四月（大約是國曆的5月6日~6月5日左右）的「辛金」，孟夏的雲霧或小氣流。

夏季的特色就是炎熱高溫，所以氣流就顯得更脆弱、更沒有威力，天空大都是晴朗無雲、豔陽高照的型態，只是偶爾有些小陣雨發生。「辛巳」是熱風，很弱的小氣流，不太帶來降雨也不具殺傷力。

- **辛未**：代表農曆六月（大約是國曆的7月7日～8月7日左右）的「辛金」，夏季六月的雲霧或小氣流。

此月份的氣溫炎熱高溫，而且持續穩定成長，在這樣的大候環境中，幾乎感覺不到風和氣流，而且雲霧也更少了，所以說「辛未」是相當弱的氣流，無法帶來任何水分，卻也不會因此而消失，因為它本身是很有韌性、很有抗壓性的特質。

- **辛酉**：代表農曆八月（大約是國曆的9月8日～10月8日左右）的「辛金」，仲秋的雲霧或小氣流。

秋季氣候變化很大，氣流很不穩定，常會颳大風、下大雨，所以「辛酉」很活潑、很有起伏變化，也很旺盛。氣流在酉月其實蠻有威力，也很能帶來旺盛的水分，只是對植物的損傷較大、較有殺傷力。

- **辛亥**：代表農曆十月（大約是國曆的11月7日～12月6日左右）的「辛金」，初冬的雲霧或小氣流。

冬季來臨，大地開始封凍，水慢慢開始結冰，氣溫也節節下降，此時的空氣變得寒冷、濕氣重，氣流都變成了寒流。「辛亥」雖然只是十月的小氣流，但因為變成了寒流，所以也相當旺盛且有威力，而且也能帶來許多降雨。

- **辛丑**：代表農曆十二月（大約是國曆的1月6日～2月3日左右）的「辛金」，臘月的雲霧或小氣流。

一年之中最冷的月份，大地在一片寒冷中，所流動的任何氣流都是寒風刺骨的寒流，即使是很小的風，都足以令人發冷。所以「辛丑」雖然有時不太移動，都凝結了，但還是很有威力、很犀利，也很能帶來水氣。

◎ 壬日主的基本特性

「壬」代表大水，大河、大江的水或豪雨，在大自然環境中，水是相當重要的元素之一，若沒有水，萬物無法生長，而水也很能順應環境，不管在什麼容器或地方，它就會有什麼樣子，所以說水很能轉彎，也相當有智慧。

在四季中，「壬」的多寡和狀況都不太一樣，而功能也有不同發揮的程度，像在春天裡，「壬」水開始發揮灌溉的作用，植物才能長得好，而此時的「壬」水是屬於普通、剛好的旺度；在夏天裡，天氣炎熱，大地更顯缺水，而此時的「壬」水會變得缺乏，因為除了萬物更需要水之外，高溫和燥土也會將水給蒸發及吸收，所以「壬」水就變得相當的弱且不足；在秋天裡，因氣候狀況的不穩定，常有大風大雨，「壬」水會變得忽旺忽弱、忽大忽小，相當不穩定，但整體來看，在此季節的「壬」水，應該是屬於旺盛且源源不絕的大水；在冬天裡，大水更旺盛、更多，而且在嚴冬裡的大湖或大河也都結凍，所以此時的「壬」水雖旺盛，但卻完全無法發揮灌溉的作用，只能用來降溫而已。

基本上，「壬」水要發揮灌溉的功能，最好的季節在春夏季，會有所展現，但「壬」

水卻也不能太缺乏、乾燥，這樣反而會變成壓力而有問題發生，另外在秋冬裡，因為「壬」水很旺盛，所以也容易一不小心就把植物和田園給沖毀和淹沒，最好的狀況是中間或中間到稍弱的旺度，會最理想，也才能維持穩定的環境，否則容易有大起伏。「壬」水若是很旺盛，可以降溫、解渴，但是若太多的水，最好有高溫和「戊」土來蓄水，才不會有氾濫成災的危機。

壬日主的角色定義

在六十天干地支的組合中，擁有相同天干的組合各有六組，所以還是需要分別的解說及介紹：

以壬為天干的組合共有六組，分別是「壬寅」、「壬辰」、「壬午」、「壬申」、「壬戌」及「壬子」，雖然天干都是壬水，但每個組合都有些差異，所以還是需要更深入的定義和說明：

• **壬寅**：代表農曆一月（大約是國曆的2月4日~3月4日左右）的「壬水」，初春的大河、豪雨或大江之水。大地回春，冰雪慢慢開始融化，加上氣溫還是低溫且偶爾會有降雨，所以此月份的水源相當豐富，能供給萬物足夠的水分。「壬寅」是正月開始活動、開始灌溉的大水，雖然有點寒冷，但很有功用，也不會有不夠水的現象。

- **壬辰**：代表農曆三月（大約是國曆的4月5日~5月5日左右）的「壬水」，春末夏初的大河、豪雨或大江之水。此月份的植物正值成長期，需要足夠的水源來灌溉，所以壬水在此月份有很多工作，很能發揮它灌溉的功能，滋潤大地。加上氣候得宜，所以「壬辰」雖很能充分發揮效用，但是它應該只是剛剛好的份量，一不小心就很容易不夠用了。

- **壬午**：代表農曆五月（大約是國曆的6月6日~7月6日左右）的「壬水」，仲夏的大河或大江之水。炎熱高溫的季節，氣溫還是穩定的爬升中，大地一片燥熱。而此月份的河水或溪水明顯變少，甚至出現乾涸的現象，加上此季節雨水本來就少，所以「壬午」就顯得既忙碌又不足，非但無法解大地的渴，還反而被吸收了，感覺有點無能為力。

- **壬申**：代表農曆七月（大約是國曆的8月8日~9月7日左右）的「壬水」，初秋的大河、豪雨或大江之水。此月份雖已經慢慢變涼，但多少延續了夏季的炎熱高溫，加上氣候狀況很不穩定，常會颳大風、下大雨，所以水也顯得忽多忽少、不穩定。「壬申」因為氣候變化大、氣流不穩定，而偶爾會忽然有大水氾濫的情況，所以是屬於源源不絕、不斷生成的大水。

• **壬戌**：代表農曆九月（大約是國曆的10月9日~11月7日左右）的「壬水」，秋末的大河、豪雨或大江之水。秋天的最後一月，氣溫還是逐漸下降中，氣候還是有著秋季的不穩定狀況，颳大風、下大雨。此月的作物早已收成，不再需要太多的水源灌溉，所以水分會越來越多。「壬戌」的水量越來越多，卻也越來越無法發揮功能。

• **壬子**：代表農曆十一月（大約是國曆的12月7日~1月5日左右）的「壬水」，仲冬的大河、大雪或大江之水。

在此時節，大地被封凍了，河塘也結凍了，所有的水源都變得冰冷、不活動、不工作的狀態。所以「壬子」雖然旺盛、水分充足，但卻無法發揮灌溉的功能，只是低溫、冰凍的大水。

◎癸日主的基本特性

「癸」代表雨水或小溪水，「癸」水的重要性和特質，其實和「壬」水很類似，只是「癸」水比較小規模、小範圍，而它們的其他特質和現象都是類似。

在四季中，「癸」水當然也會呈現出不同的狀況和功能，像在春天裡，由於氣候的條件佳，水很能發揮灌溉的功能，也不太會出現缺乏的現象，相當有展現也剛剛好，而此時的「癸」水是屬於普通、剛好的旺度；在夏天裡，天氣炎熱，大地一片燥熱缺水，而此時的「癸」水根本變得不夠且缺乏，完全是太弱也無法好好發揮灌溉的作用，只是顯得無能為力；在秋天裡，因氣候狀況的不穩定，常有大風大雨，且氣溫不再炎熱，所以此時的「癸」水會變得旺盛且忽大忽小，但源源不絕，可是灌溉的功能也不太理想了；在冬天裡，天氣寒冷，而「癸」水更旺盛、更多，但卻也只是結冰的水，完全無法發任何作用，只能用來降溫而已。

基本上，「癸」水和「壬水」一樣，比較有作用的季節是在春夏季，當然也比較有發揮和展現，但卻也不能太缺乏，否則會造成自己的乾枯和壓力。而事實上，「癸」水也不宜一直是很旺盛或太過旺盛，若沒有燥土來阻擋，則很容易造成水患，會有無法預估的後果，容易大起大落。所以，「癸」水最好的狀況，應該是中間或中間偏弱的狀況，否則會容易變得很難控制，也容易造成不良影響。

其實，「癸」的最佳效用不一定是在哪個季節或月份，只要它能讓大環境的狀況最理想，不要有太過或不及的現象，就是發揮最好的效用。

癸日主的角色定義

在六十天干地支的組合中，擁有相同天干的組合各有六組，所以還是需要分別的解說及介紹：

以癸為天干的組合共有六組，分別是「癸卯」、「癸巳」、「癸未」、「癸酉」、「癸亥」及「癸丑」，雖然天干都是癸水，但每個組合都有些差異，所以還是需要更深入的定義和說明：

- **癸卯**：代表農曆二月（大約是國曆的3月5日～4月4日左右）的「癸水」，仲春的雨水或小溪水。春天的氣候良好，陽光充足但不過熱，水源豐富但不氾濫，大自然環境也很適合生物成長，加上偶有春雨滋潤，所以「癸卯」很有功用，能滋潤大地，既不太多也不過少，相當的適中。

• **癸巳**：代表農曆四月（大約是國曆的5月6日~6月5日左右）的「癸水」，初夏的雨水或小溪水。夏季炎熱高溫，水分自然較不足，加上氣流較弱、沒有風，降雨也相對更少。雖然這樣的時節很需要大量的水源灌溉，但事實上，水卻明顯不足，即使偶爾來場陣雨，還是很快被吸收和蒸發。「癸巳」是屬於供不應求、分身乏術的水。

• **癸未**：代表農曆六月（大約是國曆的7月7日~8月7日左右）的「癸水」，夏末的雨水或小溪水。農曆六月的氣候，高溫炎熱，一片火炎土燥，很需要大量的水源來解渴，但在此月份的雨水本來就少，即使有也不是太有幫助。「癸未」顯得很少，也很弱，幾乎是一下子就被吸收和蒸發了，即使可以很有用效，也完全是莫可奈何。

• **癸酉**：代表農曆八月（大約是國曆的9月8日~10月8日左右）的「癸水」，仲秋的雨水或小溪水。由於秋天的氣候變化大，氣流很不穩定，常會颳大風、下大雨，加上氣溫逐漸下降，所以水在此月份是源源不絕的情況，而且也不會馬上就被吸收及蒸發。「癸酉」其實是忽多忽少、不斷生成的水，它不會不夠使用，只是不穩定。

• **癸亥**：代表農曆十月（大約是國曆的11月7日~12月6日左右）的「癸水」，仲秋的雨水或小溪水。進入冬天的時節，氣溫節節下降，大地開始冰凍，水源雖然豐富，卻不太有機會發揮灌溉及滋潤大地的功能，也容易有氾濫的情況發生。基本上，「癸亥」相當旺盛也穩定，但也因季節的關係，在發揮功能上較不理想。

• **癸丑**：代表農曆十二月（大約是國曆的1月6日~2月3日左右）的「癸水」，臘月的雨水或小溪水。在這一年之中最冷的月份，大部分的水都結凍了，大地被霜雪給覆蓋，所以此月份的水非常旺盛也穩定，但卻凍結住了，根本派不上用場。所以「癸丑」雖是相當豐富、充足的水，但卻也無法發揮任何功用，只能等待冰融化開來、和天氣變暖和。

4．日主、大運及流年的關係與判斷規則

規則說明

在開始探討運勢狀況前，請確定已經知道及瞭解所要研究的命例，其「日主」的角色定義、特質和功能為何，好更準確及深入的瞭解其運勢狀況。

其實不管是六十甲子的哪一日，都沒有絕對的好運或壞運，最重要的是在其他部分加入之後，所產生的環境和現象，是不是能使「日主」發揮它的功能，如果整個條件和效果更好的話，那就是好運勢；反之，如果大運和流年帶入之後，狀況更糟糕或有缺失，那就是屬於不理想的運勢。

基本論命原則就是如此簡單，但是要好好拿捏和思考，才不會判斷錯誤，甚至有不良影響發生。

八字論命的規則是用日主來代表一個人，不管是個人個性特質或對於運勢的感受，代入大運就能判斷出各方面的運勢狀況，再代入流年就能看出每一年的運勢現象。且流年所出現的事件或現象，會讓當事人最有感受，也會影響最大，尤其是工作財運或感情婚姻方面，所以假設可以在問題出現之前，就都能知道之後的財運現象，那就可以針對每一年的狀況做些改變或避免，也許對個人來說是最理想的處理。

不管是六十甲子的哪一日，都沒有絕對的好運或壞運，最重要的是在大運流年加入之後，所產生的環境和現象，會不會出現讓「日主」出現變動，如果使得整個效果更好的話，那就是好運勢；反之，如果大運和流年帶入之後，反而出現不理想的變動，那就是屬於不理想的運勢。

還要注意到，每一個大運都有它的年限，每個大運影響十年，每十年就要換一個大運，走過去的大運就讓它過去，不用再去判斷它，只要用來和之後一個大運比較就可以，所以年紀越大所換的大運就會換越多個，也所以會發現一件事，當大運變換越多個，好壞運的高低起伏都會出現，並沒有哪個命盤可以永遠走好運，也沒有永遠會走壞運的命盤。

八字大運的判斷是一個大方向，一個準確的大方向。若再加入流年運勢，那就能更明確知道每一年的運勢現象，不過也要注意到，在加入流年考量的時候，也要小心正確對照年限，才不會有錯誤。

運勢分析之步驟及解說

（1）．首先要有一個八字命盤在手。

（2）．分析每個十年大運的基本狀況：

先看大運的起運及換運年齡（虛歲），若是2歲起運，則每十年逢二換運，就是12、22、32、42……歲換大運；再將「日主」所代表的支干，依序帶入本命四柱中年限範圍內的干支環境中，再增加帶入其所屬大運的干支環境中，就可以探討大運的運勢狀況。

八字四柱中的「年柱」代表虛歲一到十五歲，「月柱」代表十六到三十歲，「日柱」代表三十一到四十五歲，「時柱」代表四十六歲之後；也就是說它們都是有各自的年限，可以在年限範圍裡影響「日主」和運勢；而大運也有它各別所代表的年限範圍，若大運的起運為兩歲，每逢二換運，第一個大運為二到十一歲，所以是落在「年柱」的範圍內，因此大運的運勢狀況，就要將「日主」的角色定義帶入「年柱」的環境現象，加上此「大運」的環境現象中，然後就可以判斷在這樣的組合中，對日主的影響為何，及能不能發揮效用。

第兩個大運時，還是一樣的步驟，但因它超過了年柱的十五歲範圍，所以要再帶入「月柱」的環境現象中。

即還是先將日主帶入「年柱」的環境現象，加上「月柱」的環境現象，還有加上此「大運」的環境現象中，然後就可以判斷在這樣的組合中，對日主的影響為何，及能不能發揮效用。

依此類推，就能依序判斷運勢狀況，但有一個很重要的重點，就是大運是會替換的，過去了的大運就過去了，不需要再帶入之後的大運環境中，可是八字本命中，四柱的環境是會繼續累積的。

還可以再將「流年」的環境現象帶入，好更進一步的瞭解流年的運勢狀況。而流年的帶入方式和大運是相同的，只要帶入本命和大運的年限範圍內，然後每年替換，過去就不再使用，就可以探討流年的運勢。

基本上，流年運勢相當重要，因為大運只是看每十年的運勢狀況，而在事實上，在當中還是會有好、很好、不太好……的分別，也就是「好的大運中，可能會有不太好的流年；而不好的大運中，也會出現還不錯流年」，所以流年運勢非常值得探討。

實例說明

舉例說明此部分：

時柱	日柱（日主）	月柱	年柱	虛歲年限	八字本命	林女士
46歲之後	31至45歲	16至30歲	1至15歲			
戊辰	甲寅	庚子	丙申	四柱干支		

52歲至61歲	42歲至51歲	32歲至41歲	22歲至31歲	12歲至21歲	2歲至11歲	虛歲年限	大運	國曆45年12月13日 農曆丙申年11月12日
甲午	乙未	丙申	丁酉	戊戌	己亥	干支		

30	29	28	27	26	25	24	23	22	21	20	19	18	17	16	15	14	13	12	11	10	9	8	7	6	5	4	3	2	1 +60	虛歲
乙丑	甲子	癸亥	壬戌	辛酉	庚申	己未	戊午	丁巳	丙辰	乙卯	甲寅	癸丑	壬子	辛亥	庚戌	己酉	戊申	丁未	丙午	乙巳	甲辰	癸卯	壬寅	辛丑	庚子	己亥	戊戌	丁酉	丙申	干支
60	59	58	57	56	55	54	53	52	51	50	49	48	47	46	45	44	43	42	41	40	39	38	37	36	35	34	33	32	31	虛歲
乙未	甲午	癸巳	壬辰	辛卯	庚寅	己丑	戊子	丁亥	丙戌	乙酉	甲申	癸未	壬午	辛巳	庚辰	己卯	戊寅	丁丑	丙子	乙亥	甲戌	癸酉	壬申	辛未	庚午	己巳	戊辰	丁卯	丙寅	干支

流年

若要看「己亥」大運的運勢狀況：

將日主「甲寅」先帶入年柱「丙申」的環境中，再帶入大運「己亥」的環境中，代表「甲寅」長在「丙申」加「己亥」的環境中。因為「甲寅」本身是一月初春的樹木，雖然大地回春，很有生長力，但氣候稍嫌冷，所以很需要充足的陽光來幫助成長，最好是有春夏的氣候出現，而在此命例中，年柱出現的是「丙申」，雖然是有些不穩定的陽光，但還是相當高溫的月份，所以效果還不錯；但大運是「己亥」，因為是冬天，結果氣溫反而又下降，加上用「己亥」來培育「甲寅」，有點不能負擔，且己亥的土又太濕冷，所以甲寅在這樣的大運環境中，根本長不好，是屬於不理想的運勢狀況。另一方面，地支出現寅申亥的刑害現象，也明顯代表外在看不到的地方會出現不好的狀況，會是屬於檯面下或是比較私人的狀況，且也可能會造成明顯傷害。

簡單來說，「甲寅」本身很有潛力，年柱「丙申」雖然太陽很亮麗也夠高溫，但有些不穩定，然後大運「己亥」的己土太弱，無法負荷甲寅，所以「己亥」是不好運勢的原因，使得甲寅長不好。

若套入相關角色定義中，可以解釋為，此人（甲寅）能力不錯，很有想法、很聰明（丙申），但兩歲起的大運（己亥）卻顯示出因「父親」或「工作、財運」的不理想所造成的運勢不佳，而因為兩歲開始的大運，還是屬於家運的狀況，所以也可以說是家裡的運勢不佳。

若要看「丁酉」大運的運勢狀況：

則要分成兩部分，即

- **日主「甲寅」＋年柱「丙申」＋月柱「庚子」＋大運「丁酉」**
- **日主「甲寅」＋年柱「丙申」＋月柱「庚子」＋日柱地支「寅月」＋大運「丁酉」**

以下就介紹「丁酉」大運的第一部分的運勢狀況：

將日主「甲寅」先帶入年柱「丙申」的環境中，再帶入月柱「庚子」的環境中，然後再帶入大運「丁酉」的環境中，則在此大運的現象中，因為大都是遇到秋、冬，所以「甲寅」顯得很難好好生長，雖然有「丙申」出現，但因為「庚子」既寒冷又旺盛，讓丙申更無法發揮威力，然後大運出現了「丁酉」，感覺上好像好了一些，增加了些暖度，但卻也因為秋天八月氣候的不穩定，而讓「庚子」的氣流更旺盛、更具殺傷力，所以對甲寅來說，就是感覺好了些，但卻更有壓力和增加不預期的損傷，所以還是屬於不理想的運勢，但有比之前好些，卻也變化大些。在這裡可以解釋為，因為「庚子」過旺，而使得「甲寅」受傷，所以主要不好的原因是「庚子」。

若套入相關角色定義中，可以解釋為，此人（甲寅）能力不錯，很有想法、很會用腦筋（丙申、丁酉），但卻因為「壓力、工作」或「丈夫」（庚子）的原因而有所損傷及辛苦，造成的運勢不理想。

以此類推，可以很容易的瞭解大概的大運運勢狀況，判斷出當中的日主能否好好發揮效用，再看看是哪個或哪些元素（過與不及）所造成的不理想，然後可以套入其代表物，瞭解真實狀況如何。

• 運勢曲線程式

在隨書附贈的光碟中，有一個運勢曲線程式，包含大運以及流年運勢兩曲線，只要輸入準確的國曆生日資料，及選擇出生國家，即可得到運勢曲線。在筠綠的部落格裡，亦可下載此程式到電腦中執行。

此運勢曲線程式是英文版本，以下是輸入資料的畫面，姓名，性別選取，左邊是男性M，右邊是女性F，生日選取年月日，必須輸入國曆生日，也就是西元生日，出生地選取，如果是台灣出生則選取Taiwan，最後是出生時間，只要選擇輸入出生時即可，不用輸入幾分。

◎Name 姓名：請輸入姓名

◎Male 男 Female 女：請選擇性別

◎Date of Birth 出生日期

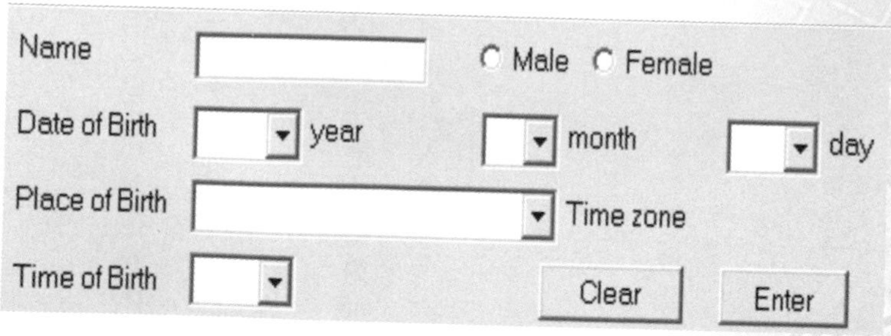

◎year 年 month 月 day 日：請輸入國曆生日，即西元年生日
◎Place of Birth 出生地：請選擇出生地，也就是時區的選擇
◎Time of Birth 出生時間：請選擇出生時間的時即可

‧大運運勢曲線

「大運運勢」的走勢，可以用曲線圖分析出來，利用分類和量化的方式，將大方向的運勢起伏表現出來，其實是可以更容易分辨出運勢狀況。

大運運勢曲線圖之解說和建議：

從大運運勢曲線的起伏趨勢來看，就如同一般判斷的方式，上升的趨勢就是運勢狀況變理想，而下降的趨勢，就是運勢狀況變得不理想。而此運勢曲線，只是大方向的參考，其實不用太介意分數的高低或與別人的曲線數值來比較，因為每個五行與搭配的數值與起點不一定相同，所以與別人的曲線數值比較並無意義。

基本上正確判斷曲線的方法，是自己與自己比較，比較曲線前後起伏的狀況，若是在某年限時間內，曲線趨勢是上升的情況，那就表示運勢是越趨理想的，可以大膽的做計畫的事，不需要猶豫不決，結果會更好，是屬於能心想事成的運勢狀況。不過反過來說，若是在某年限時間內，曲線走勢是下降的狀況，那就表示運勢是會變不理想的，而這時候其實不宜再有太大的動作，尤其在投資，或事業上的大動作，比較適合較保守的做法，會更理想。

事實上，所謂運勢好或不好，其實可以發生在任何方面，而且也有可能不只是某一方面而已。舉例來說，若是運勢好的時候，各方面應該都會是理想的，會比較能規劃，而結果也大都能在計畫中，甚至更好，除非是一些本身原來就有的問題之外，像是本來身體上就有哪裡比較不健康的部分，或者是本身感情方面就比較不穩定的命格，其他的應該都會是不錯的狀況，但若是運勢不理想時，其實也可能發生在各方面，甚至不只一兩個部分，所以盡量維持穩定，多注意各方面，且不宜有太大的決定和動作，這會是最理想的方式。

而一般在運勢不理想時，會是比較辛苦，忙碌的狀況，壓力會比較大，甚至很有可能是勞碌，卻事倍功半的情況，而且若是再逢遇到不怎麼好的流年時，不理想的狀況會更明顯，更可能發生比較不能預期的情況。所以其實流年運勢也相當重要，不可忽視，而大運運勢只是每個十年大運的狀況，是大方向，無法太詳細看到每年狀況，但若加上流年運勢的搭配，其實會更有幫助，更能瞭解每年運勢狀況。在大運運勢的建議方面，可以從起落的三個運勢來看。

1．「上升」的趨勢：

運勢曲線若是在「上升」狀況，那想當然也代表運勢狀況會變理想，或更理想。而這時，也相對的可以好好規劃和發展一番，不過即使是「上升」的趨勢，在不同的年限時間內，其實可以有不一樣的選擇和做法。

舉例來說，若是在年輕時的運勢是上升的，那表示可以在學習方面比較順利，也適合多充實自己，提升自我，對以後會有相當的幫助。若是在中、壯年時的運勢狀況是上升的，那表示很適合在事業上有所發展，可以好好規劃和執行，應該會有不錯的成果。

若是在中、晚年時的運勢是上升的，其實還是可以好好把握好運勢，但在建議上，會建議不需要太過勞碌，多放輕鬆，各方面都會更理想，尤其是在健康方面。總而言之，若能適時的把握好運勢，其實是可以事半功倍、更有成績。

2.「平穩」的趨勢：

從大方向來看，運勢曲線若是趨於比較平穩的狀況，也許一點點升高或下坡，那都是屬於「平穩」的範圍，那表示運勢狀況屬於穩定、一般、持平的現象，雖然不會有大好的情況，但也不至於會大壞，應該算是不錯的運勢現象。

而在這樣的運勢時，當然還是可以有所發展，但在心態上和做法上，需要多些調整，也需要多用心和注意些，按部就班、積少成多，應該是比較適當的方式。

基本上，「平穩」型的運勢現象，不管是在哪個年限時間內，也都不錯，選擇穩定的職業、穩定的感情、穩定的投資理財方式、穩定的生活……等，應該就是很適合的行運方式。

不過還是要注意當中流年的影響，若是逢到比較理想的流年，其實還是會很不錯，不過若是逢到比較不好的流年運勢時，那就需要再多注意和保守些，會比較理想。

3.「下降」的趨勢

運勢曲線若是在「下降」的情況，那其實也就表示運勢狀況會變不理想。在曲線低點的年限時間內，最好的做法就是「保守」，不管是在事業發展，還是理財投資方面，都應該避免有大動作，以免有預期之外的事情發生。在建議方面，若是在年輕時的運勢是下降的狀況，那表示是年輕時比較辛苦，而後來行好運的情況，所以可以在這時多多累積些實力，等真正運勢不錯時，就可以好好發展。若是在中、壯年時的好運勢是下降的，那真的是在下降的年限時間內，要盡量保守、維持穩定，不太適合有合夥、投資，甚至借貸的選擇，比較明顯的現象應該會是比較辛苦些、比較勞碌些，或是壓力大，其實多調整自己的心態，會更輕鬆。若是在中、老年的運勢是下降的，那其實也是不錯的運勢搭配，因為在這樣的狀況下，選擇漸入平淡或退休，應該是很適合的選擇，不宜再有太勞碌的狀況會比較理想。

大致上來說，若能先知道大運運勢的走勢狀況，就能有所準備和規劃，即使是逢到不怎麼樣的運勢，也能有所選擇和做法。

大運在八字論命中，大運運勢若好，在各方面都會有正面，理想的影響，但大運運勢若是不理想，就會比較辛苦，比較不穩定，不過運勢的好壞都有各別的做法，在好的運勢時可以大膽的規劃，大方的把握，但若是不好的運勢時，就應該多保守，多做些調整，要有心理準備，儘量開心些。

一個範例，得到的大運運勢曲線圖：

由此圖表中，可以明顯看出此命例的大運趨勢為前面比較辛苦，後面運勢越來越理想的狀況，一開始的「己亥」大運，是屬於不理想的運勢，而接下來的「戊戌」大運其實也是不理想或更不理想的狀況；之後的「丁酉」大運開始，就越來越往上走。這可以解釋成，此人的聰明才智和想法（丙、丁）開始有所發揮，而有些成績，慢慢越來越順利，可以算是後面比較走運的命例。

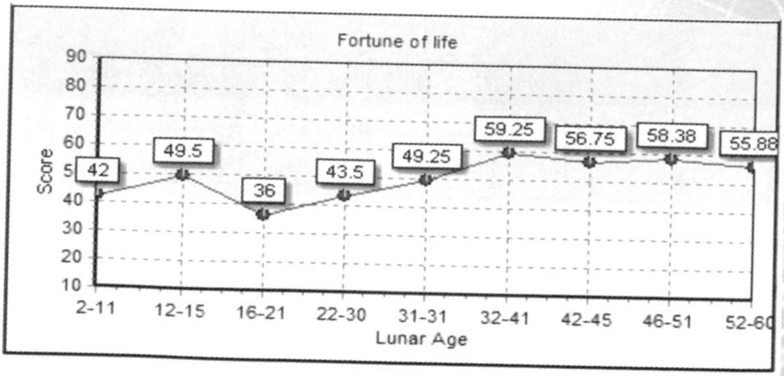

• 流年運勢曲線

流年運勢曲線圖之解說和建議：

利用量化的方式，可以大略的將流年運勢用曲線圖來表現，而流年運勢的走勢，則可以明白、清楚的有個瞭解。

若要從曲線中，分辨流年運勢好壞的方式，其實就像直覺判斷一樣，上升的趨勢就是運勢狀況變理想，而下降的趨勢，就是運勢狀況變得不理想。

而此運勢曲線，只是大方向的參考，其實不用太介意分數的高低或與別人的曲線數值來比較，因為每個五行與搭配的數值與起點不一定相同，所以與別人的曲線數值比較並無意義。

基本上正確判斷曲線的方法是，自己與自己比較，比較曲線前後起伏的狀況，若是在某一流年，曲線趨勢是上升的情況，那就表示運勢是變理想的，不過反過來說，若是在某一流年，曲線走勢是下降的狀況，那就表示運勢是會變不理想的，而這時候其實不宜再有太大的動作，尤其在投資，或事業上的大動作，比較適合較保守的做法，會更理想。

但是在這之前，其實應該先瞭解一下大運運勢，在那某年限內，是屬於好或壞的大運運勢，會更能有方向，不太應該完全只看流年運勢來做決定。

而一般在流年運勢不理想時，若是大運運勢也正是不好的時候，那真的應該好好注意，容易有比較大的狀況發生，或是比較無法預期的意外狀況，所以要非常的小心和注意。相反的，如果是流年運勢很好時，加上當時的大運運勢也很不錯的時候，那其實真的會更理想，真的可以好好的把握和規劃。

前一個範例，得到的流年運勢曲線圖：

看起來是屬於明顯有起落的流年運勢現象。舉例來說，如果要看虛歲十六歲流年「辛亥」的運勢狀況：

將日主「甲寅」先帶入年柱「丙申」的環境中，月柱「庚

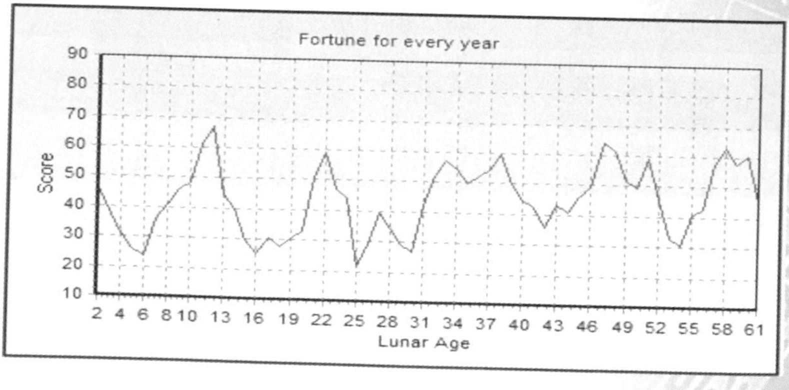

子」的環境中，大運「戊戌」的環境中，然後再帶入流年「辛亥」的環境中，則結果可以從流年的狀況中發現，整個大環境都是偏向秋、冬的地支，完全都是不利於「甲寅」的成長，而且又有「庚子」和「辛亥」這樣有威力、具有殺傷力的氣流出現，當然對甲木的傷害很大，雖然有「戊戌」的高山來擋些氣流，但戊戌是秋季九月裡的高山，它本身還是很容易造成氣流旺盛，所以阻擋氣流的效果並不大，而且「辛亥」是屬於冬十月的氣候狀況，對「甲木」來說也是很不利成長的環境，所以此流年的運勢是很不理想的流年狀況。加上地支出現過多的刑剋，這對甲木日主來說，都是不理想的現象，而且會有明顯損傷。

若要看虛歲三十八歲流年「癸酉」的狀況：

將日主「甲寅」依序帶入年柱「丙申」，月柱「庚子」，日柱地支「寅」及大運「丙申」的環境中，然後再帶入流年「癸酉」的環境中，則在這整個大環境中，雖然還是偏向秋、冬的地支，但因出現了兩個「丙申」加倍的高溫，相當實質且燥熱的太陽，所以整個環境會明顯比之前都好，比之前的環境溫暖，而且氣流也減少許多，對甲寅來說，算是不錯的影響，加上流年「癸酉」帶入後，其實不至於使整個環境變糟，雖然多少會降低些溫度，但實際的影響不大，所以算是不錯的流年。

若套入角色定義中，可以解釋為，此人在「丙申」大運中，很有想法能發揮聰明才智，加上此年「癸酉」會出現相當不錯的「機會、福氣」或「貴人」，可以使此人的才能更發揮，雖然多少會和自己的想法有所不同，但整體來看是不錯的流年運勢，成績也會不錯。

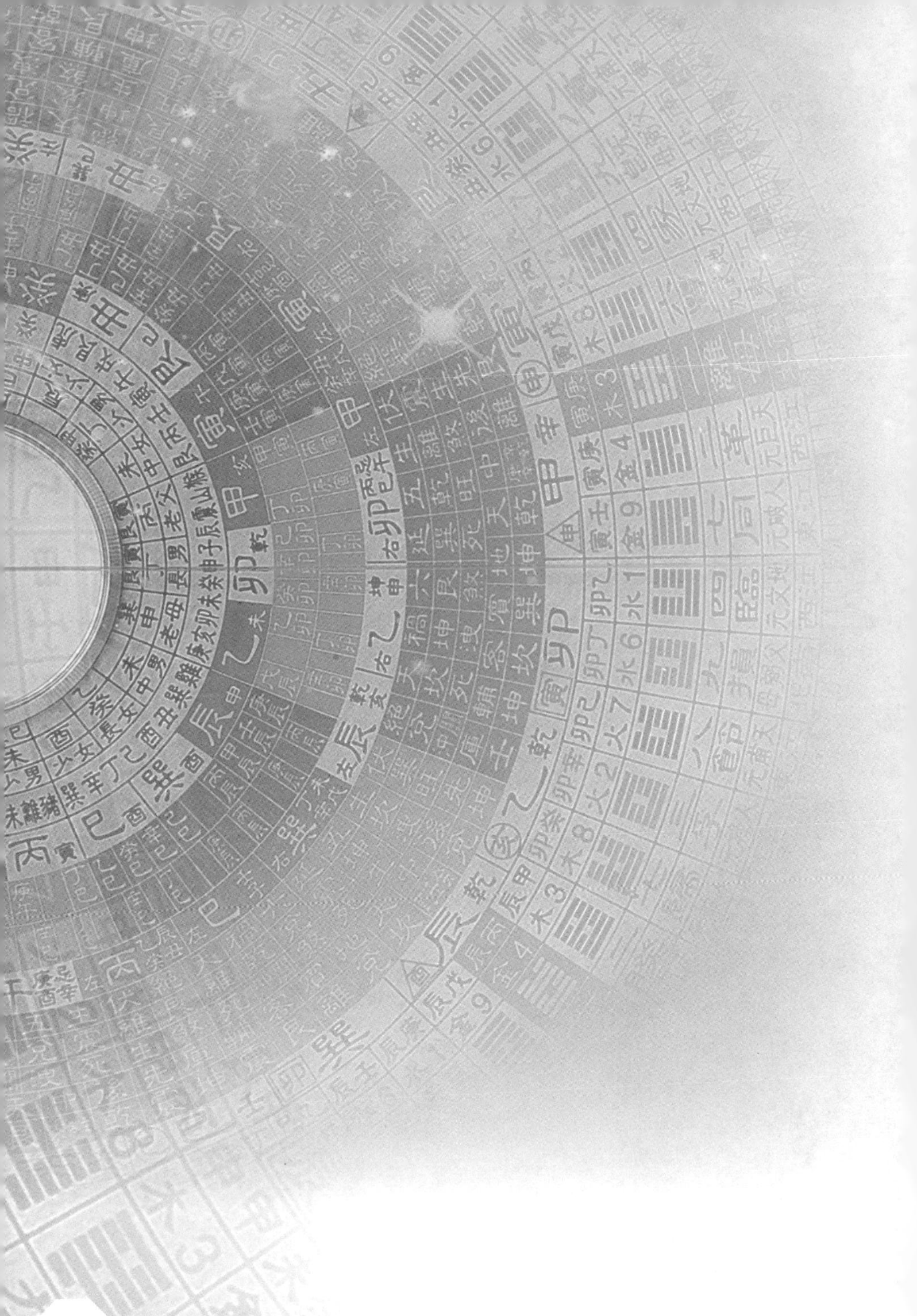

三、各日主的運勢判斷方法與範例說明

瞭解十個屬性日主的各別運勢判斷方式，就更能精準的深入運勢的好壞和起落，且附贈了八字運勢曲線圖，可以輕鬆的對照運勢起伏現象，在判斷個別的命盤運勢的時候，就會有明確的方向可以參考，也不會感覺到模稜兩可或是判斷錯誤。

1．甲日主

針對甲天干的六個日主，在這裡先做一些基本特質描述，因為即使是一樣的天干屬性，也會因搭配到不同的地支而出現一些特質的差異，以下大方向的做介紹。甲日主的人仁善，對人溫和善良，相當有同理心，不過也很積極努力，能力相當好。

各甲日主的基本特質：

・甲寅：春天一月的大樹，基本上屬於積極、能力好，但個性比較強勢，婚姻容易不理想，適合聽話的另一半。男生大都高大。

・甲辰：春天三月的大樹，各方面的先天條件都很好，在六十日主裡屬於前三名的日主，相當能有所發展和展現。

・甲午：夏天五月的大樹，屬於成熟穩重的類型，但比較燥熱缺水，很容易比較勞碌不得閒，工作財運或是父親容易不穩定。

・甲申：秋天七月的大樹，此時的樹相當成熟結實纍纍，可以開始收成，個性裡有一種天生的理所當然，也相當大方愛享受。

・甲戌：秋天九月的大樹，即將進入冬天的大樹，已經不太積極成長，個性裡會有一種悠閒的特質，也比較溫和隨性些。

・甲子：冬天十一月的大樹，已經開始冬眠的大樹，是屬於嬌貴的類型，有一種天生的好命和公主、王子的嬌氣。

相關項目的五行角色定義

因為男、女在論命上有些不同，所以需要將命盤裡相關的五行所代表的角色分別定義，這樣在論命上會更容易做判斷。

甲日主命盤，不管是在本命、大運或是流年中出現的天干，所代表的角色：

男生：・土（戊、己）：「工作、財運」或「妻子」或「父親」。

・金（庚、辛）：「壓力」或「損傷」（健康）或「小孩」。

女生：

- 水（壬、癸）：「機會、福氣」或「貴人」或「母親」。
- 木（甲、乙）：「朋友」或「兄弟姊妹」或「人際」。
- 火（丙、丁）：「想法」或「不動產」。
- 土（戊、己）：「工作、財運」或「父親」。
- 金（庚、辛）：「壓力」或「損傷」（健康）或「丈夫」。
- 水（壬、癸）：「機會、福氣」或「貴人」或「母親」。
- 木（甲、乙）：「朋友」或「兄弟姊妹」或「人際」。
- 火（丙、丁）：「想法」或「不動產」或「小孩」。

(1) 重點及注意事項

◎一般來說，「甲」日主的本命，若是整個大環境木太旺、太燥熱，像出現許多夏天的地支（巳、午、未），或較實質旺盛的火，像「丙午」、「丁未」…等的本命組合，則此人的個性會較早熟、懂事，且有想法。

◎基本上，「甲」日主比較喜歡逢到春夏運，而比較不喜歡遇到秋冬運，因為樹木在春夏會比較舒服、有成長且有發揮空間，而在秋冬裡會比較難成長、阻礙多，也容易有損傷發生。換句話說，「甲」木若逢到秋冬運，則考驗會較多、較辛苦。

◎「甲」木也不適合直接遇到很旺盛的氣流，像「庚申」、「庚戌」及「辛酉」這樣威力強的氣流，如此一來會對樹木有很直接的損傷，而大部分這樣的狀況，若沒有出現「戊」土或其他較旺的「甲」木來幫忙阻擋，其實都是相當不理想的狀況，會感覺壓力很大，各方面都容易不穩定、不理想，或是身體狀況不佳，尤其是當大運逢到秋冬的金運，則是屬於不理想的運勢。

◎若是整個本命四柱大環境的現象是水很旺盛的狀況，像秋冬多且「壬癸」在天干「壬子」、「癸亥」……等的組合，然後有又遇到大運也是水旺的狀況，那樹木就會變得不穩固，容易被大水沖走，而到處漂流，這也是相當不理想的狀況，它會反映在工作、財運、健康，甚至是家庭及婚姻各方面的不穩定。

◎當甲日主的命盤搭配出現較多的沖刑害，像是寅巳申亥、辰戌丑未…，尤其是有包含到日主地支，甲木日主所受到的傷害會比其他屬性日主更嚴重，也會更明顯。

甲日主的基本喜忌歸納：

- 喜春夏運，忌秋冬運。
- 夏運則要注意缺水問題，也要注意金弱的流年，容易有意外狀況。
- 金不宜過旺，尤其是天干出金的大運或流年。
- 冬運若水出天干，水過多，木會浮會漂流，屬於不穩定現象，則喜戊土。
- 不喜己出天干，尤其是冬運己土。
- 過多的土也不是理想的運勢現象，即使是春夏運。
- 不喜地支出現沖刑剋亥，尤其是日主的地支逢遇到時，甲木的損傷會更重。
- 火過多的搭配對甲日主來說，即使是好運，也會感覺比較忙碌且沒貴人。

（2）範例說明

這是一個甲申日主的女命，生於癸未月，大運是從壬午開始的逆運，一歲起運，每十年逢一就會換大運。八字本命主要是在判斷此人的基本條件，以及個性和個人特質方面，調不調和也是從八字本命來判斷。首先看八字本命的部分，年柱庚申屬於相當旺的庚金，對甲日主來說是相當旺的七殺，而月柱癸未是屬於較弱的水，加上時柱癸酉的水偏旺，所以整體來說八字本命的部分還算調和，因為癸未會讓庚申出現金生水現象，自然七殺的力道就會減少許多，而地支的申未申酉，整體來說都還算夠熱，對甲木來說其實還是相當的實質有力，生長的熱度都還不錯，所以八字本命搭配還算不錯，會

時柱	日柱（日主）	月柱	年柱	年限	八字本命
46歲之後	31至45歲	16至30歲	1至15歲	虛歲	
癸酉	甲申	癸未	庚申	四柱干支	

51歲至60歲	41歲至50歲	31歲至40歲	21歲至30歲	11歲至20歲	1歲至10歲	年限虛歲	大運
丁丑	戊寅	己卯	庚辰	辛巳	壬午	干支	

30	29	28	27	26	25	24	23	22	21	20	19	18	17	16	15	14	13	12	11	10	9	8	7	6	5	4	3	2	1 +60	虛歲	流年
己丑	戊子	丁亥	丙戌	乙酉	甲申	癸未	壬午	辛巳	庚辰	己卯	戊寅	丁丑	丙子	乙亥	甲戌	癸酉	壬申	辛未	庚午	己巳	戊辰	丁卯	丙寅	乙丑	甲子	癸亥	壬戌	辛酉	庚申	干支	
60	59	58	57	56	55	54	53	52	51	50	49	48	47	46	45	44	43	42	41	40	39	38	37	36	35	34	33	32	31	虛歲	
己未	戊午	丁巳	丙辰	乙卯	甲寅	癸丑	壬子	辛亥	庚戌	己酉	戊申	丁未	丙午	乙巳	甲辰	癸卯	壬寅	辛丑	庚子	己亥	戊戌	丁酉	丙申	乙未	甲午	癸巳	壬辰	辛卯	庚寅	干支	

是不錯水準和調和個性的類型，而甲申日主的能力和特色也可以表現出來。

運勢方面，大運起運壬午，五月的水屬於相當弱的水，不過因為年柱庚申的影響，金生水的現象則會讓水變多，解決了缺水問題，所以即使會有金剋木現象，也變得不嚴重，反而是金生水而水生木的現象更顯重要。

這樣的解釋，表示從一歲開始，看起來好像很有規範且很有壓力的現象，但是其實只是表象，真正的重點在水生木的影響力，這是相當好的印，會讓甲日主有貴人和幫助，且在整體展現上也會非常有幫助，也不至於有缺水的狀況。要解釋成此人從小就相當有規矩，有學習能力，貴人運相當不錯，但也早熟懂事，甚至有時會顯得比較勞碌多慮些，但大方向是好運勢。

十一歲起的辛巳運，對日主甲申來說是屬於正官，且在十六歲之前年限都還是年柱的庚申，所以變成了正官和七殺都出現，對甲申日主來說是相當旺的壓力，且地支出現巳申刑，對這樣的搭配來說巳申刑到水，其實也合到水，尤其是在換到月柱的十六歲之後，月柱出現癸未，巳申合水的條件也完成。但是美中不足的地方為日主地支也是申，所以即使是巳申合水也會出現爭合現象，這樣對金或水來說都是不穩定的現象，對於這個大運辛巳，要詳細的分析它，要分成兩個部分，也就是十六歲之前和之後，因為要考慮到月柱年限是十六歲開始。

第一部分，從虛歲十一歲到十五歲，要考慮到年柱和大運辛巳對日主甲申的影響狀況，首先天干官殺都出現，直接就是金剋木現象，對木日主來說傷害相當大，明顯會出現壓力現象，甚至當流年出現乙己庚辛天干，都會加重剋木現象，且流年代表事件狀況，很容易就會出現一些實質的事件狀況，像是此命盤的十一及十二歲，庚午和辛未，明顯都會是不理想的流年運勢，要注意到各方面的不穩定，甚至是健康或意外方面，而對女命來說也很可能是感情婚姻方面的變動。

而在這裡要提到一個流年，虛歲十五歲的甲戌年，由於甲戌會與日主甲申拱出一個地支酉，且酉又是申日主的桃花，加上年柱和大運的官殺出天干，所以對這個女命來說，桃花的現象會非常明顯，從流年甲戌可以判斷出事件現象，因為天干為日主甲申的比肩，所以可以知道桃花的來源會來自旁邊的朋友或人際，也可能是同儕。

辛巳運的第二部分，是從十六歲到二十歲，且也要加入月柱癸未來做考量，所以要考量的部分為年柱庚申、月柱癸未和大運辛巳，對日主會造成的所有可能現象，由於主要的年限影響月柱癸未開始發揮影響力，在這樣的搭配裡面，很明顯是出現金生水現象，會把年柱庚申和大運辛巳的金減弱，對日主甲申來說，癸未是不錯的水，天干出現印且地支又夠熱，可以讓甲申成長得更好，但在這裡要考慮到另一個現象，即是因為天干從官殺變成印，明顯感覺到壓力變小，且出現了不錯的機會，對甲申來說明顯可以開始伸手伸腳，忽然的快速成長，其實很容易出現過度的現象，也會變成不受控制的自我發展，尤其是在這樣的年紀，如果規矩和限制忽然不再，又沒有自我的約束力，很容易會變成無心向上，只想發展成自我想法的方向，其實有可能會有走偏或是無心向學的現象，所以有時候太舒服的環境很可能會讓人變得好逸惡勞，加上這樣的年齡也很可能開始叛逆，家庭和學校教育方面也要多用心。

而值得一提的是，流年己卯年虛歲二十歲，因為己卯的己土對甲申來說太弱，所以是不理想的正財出天干，要注意到工作財運或是健康方面的狀況，甚至是個人展現方面或名譽方面的問題出現。

庚辰運，從虛歲二十一歲起換庚辰運，基本上會和上一個大運辛巳類似，都是金出天干，也都會出現金剋木現象，但是因為畢竟干支搭配不同，且流年也會不一樣，所以還是會有些差異。

庚辰對此命盤搭配，對甲申日主來說是七殺，且庚辰是屬於較旺的陽金，所以甲申會感覺更多壓力些，而庚辰也會和年柱庚申出現地支合水現象，拱出一個子地支，這對甲木日主來說是不錯的搭配，地支的合水會讓金剋木現象減弱許多，所以這是一個看起來有壓力，但其實還好的運勢現象，不過因為還是金剋木的天干組合，多少還是會出現金剋木的現象，像是工作財運方面的不穩定，或是女命的感情婚姻狀況，雖不會太嚴重，但當流年出現庚辛金，或是己土，或是甲乙木天干，則就要更注意小心。

流年乙酉，是在此命的虛歲二十六歲，對甲申日主來說是劫財出天干，從大方向來說會是人際有變動，因為地支酉是日主地支申的桃花，加上大運庚辰又會出現天干乙庚合金現象，加重了些天干金剋木的現象，所以整體來說的流年運勢，會是個桃花年，且是個和人際有關係的桃花年，如果是已婚的狀況，則就要注意其他人際影響到感情婚姻，而如果是未婚狀況，其實是相當好的桃花年，可以好好把握。

己卯運從三十一歲開始，對甲日主來說是正財出天干，且年限也換到了日柱甲申，所以大運運勢主要考量的部分，為庚申癸未甲申和大運己卯，且癸未甲申和己卯的互相影響要比年柱庚申更為重要，因為到三十一歲的日柱，年柱就已經隔了一個月柱，影響力明顯小許多。

而在己卯運，由於己卯是較弱的己土，其實扛不住甲申較旺的大樹，這樣的己土的育木作用並不好，對這甲申日主來說，己卯就變成了忌神，工作和錢財勢必就會是不理想的狀況來源，尤其是當流年逢遇到甲乙木出天干，劫財現象就會更明顯更嚴重，而當流年又出現戊己土出天干，也會是財不穩定的狀況，還有若出現較旺的金或是水，也都是不理想的流年運勢現象。

虛歲三十五歲的甲午年，及三十六歲的乙未年，出現了非常旺的甲乙木比肩劫財，這對大運己卯來說，己土的負擔又更重，財不穩定的狀況又更雪上加霜，明顯會有劫財現象，也就是會因為人際而被劫財或工作變動，甚至是出現負債或是官司問題，所以既然變動是勢必狀況，那不如主動變動工作，也要小心投資及借貸問題。四十歲的己亥年，由於又是正財出天干的流年，且地支又出現亥卯未三合木，顯示出地支合出比劫也可以說是劫財或小人，所以也要非常小心注意。

大運戊寅是從四十一歲開始，對甲申日主來說是偏財出天干，而在這裡要注意到，此大運要分成兩個部分判斷，就是四十六歲前和後，因為四十六歲開始就要加入時柱癸酉一起來判斷。從大方向來說，大運戊寅也是財出天干，但和己土的特質有些不同，對甲日主來說，戊土會比己土理想穩定，所以相對在工作財運方面也會比較穩定些。

第一部分的戊寅運，是從四十一歲到四十五歲，當然財出天干的現象避免不了，不過這樣的搭配並不一定都屬於不理想，也可能是理想的變動狀況，就要看流年的搭配而定。

如果看四十一歲和四十二歲的流年，庚子和辛丑，相當旺盛濕冷的金出天干，這樣的組合對甲木日主來說其實並不理想，但是因為大運出現戊土，能夠及時發揮擋土功能，所以剛剛好出現一個喜神，讓整個金剋木現象避免掉，這樣的狀況木剋土、土生金而金剋木，但是最重要的是土擋金，則解釋為戊財可以擋官殺庚辛，是可以用錢財來解決的狀況，也是凶中帶吉的狀況。

第二部分的戊寅運，從四十六歲到五十歲，這時候時柱癸酉也要加進來判斷，因為年限已經到了時柱，癸酉對甲申來說是相當好的干支搭配，源源不絕又不過多的水，很不錯的正印，不過因為要考慮到大運地支寅和日主地支申，會出現半刑現象，所以還是會有美中不足的小狀況和煩躁，但是從大方向來說已經是越來越理想的運勢現象。

流年方面，四十七歲和四十八歲的丙午年和丁未年，是屬於非常旺的火流年，對此命盤來說，由於時柱是癸酉，所以出現水火濟濟現象，對甲日主來說是相當好的搭配，會是心想事成的運勢現象，尤其是在工作財運方面會更有收穫。

不過在虛歲五十歲的己酉年，因為正財和偏財都出天干，對甲日主來說會是明顯的變動年，而且因為己酉是甲申的正財桃花，所以此女命要特別注意感情婚姻的狀況，也很可能會影響到工作財運。

丁丑運五十一歲到六十歲，冬天的丁火，對甲日主來說是傷官出天干，而且是相當弱的傷官，這樣的火其實只是好看，實質的卻是地支的寒冬，因為直接進入冬天甲木無法好好成長，加上時柱是相當旺的癸水，所以會有水剋火的現象，即使甲日主要木生火都感覺來不及，丁火就變成忌神，要注意到食傷所帶來的影響，一般來說，要注意不動產及健康的狀況，還有女命的小孩，都可能是不穩定、不理想的來源。

流年壬子和癸丑，是此命的五十三歲和五十四歲，因為壬子和癸丑是非常濕冷非常旺的水，加上大運也是冬運，所以對此命盤來說是不理想的狀況，會感覺無法好好發揮自我，也會感覺比較受到限制，而且又因為大運是相當弱的丁火出天干，所以水剋火的現象會非常明顯，幾乎是要熄滅的火，這也會讓甲日主感覺到無力，完全無法產生木生火功能，火是忌神，這兩年就要特別注意到健康方面的問題，或是不動產的變動，而且應該都不是太理想穩定。

2．乙日主

針對乙天干的六個日主，在這裡先做一些基本特質描述，因為即使是一樣的天干屬性，也會因搭配到不同的地支而出現一些特質的差異，以下大方向的做介紹。乙日主圓滑很有變通性，善於注意小細節，相當有觀察力，斯文有氣質。

各乙日主的基本特質：

・**乙卯**：春天二月的小植物，屬於積極、能力好，相當有優越感，但個性比較堅持，婚姻容易不穩定。男生大都屬於斯文細長型。

・**乙巳**：夏天四月的小植物，各方面的先天條件都很好，相當有想法和小聰明，也能有所發揮和展現。

・**乙未**：夏天六月的小植物，屬於大膽積極的類型，但也細心，比較燥熱缺水，很容易較勞碌不得閒，個性也容易得寸進尺及貪心。

・**乙酉**：秋天八月的小植物，此時的氣候已經不穩定，植物生長也越來越慢，個性裡有一種天生的神經質，自我要求也高。桃花屬旺。

・**乙亥**：冬天十月的小植物，冬天的小植物，已經不太成長，有一種好命的理所當然，而個性裡有些自我及自大的特質。

・**乙丑**：冬天十二月的小植物，是最寒冷的時節，乙木幾乎不太生長，天生個性裡有一種好命和怠惰，若能慵懶絕不勞碌，但也不會吃虧。

相關項目的五行角色定義

因為男、女在論命上有些不同，所以需要將命盤裡相關的五行所代表的角色分別定義，這樣在論命上會更容易做判斷。

乙日主命盤，不管是在本命、大運或是流年中出現的天干，所代表的角色：

男生：・土（戊、己）：「工作、財運」或「妻子」或「父親」。

・金（庚、辛）：「壓力」或「損傷」（健康）或「小孩」。

‧水（壬、癸）：「機會、福氣」或「貴人」或「母親」。
‧木（甲、乙）：「朋友」或「兄弟姊妹」或「人際」。
‧火（丙、丁）：「想法」或「不動產」。

女生：‧土（戊、己）：「工作、財運」或「父親」。
‧金（庚、辛）：「壓力」或「損傷」（健康）或「丈夫」。
‧水（壬、癸）：「機會、福氣」或「貴人」或「母親」。
‧木（甲、乙）：「朋友」或「兄弟姊妹」或「人際」。
‧火（丙、丁）：「想法」或「不動產」或「小孩」。

（1）重點及注意事項

◎基本上，「乙」日主的現象和特性是和「甲」日差不多的，比較喜歡逢到春夏運，而比較不喜歡遇到冬運，會比較沒有發揮也較辛苦，但秋運是不是不好，就要看各別的狀況而定了，因為「乙」木相當有韌性，如果本命是相當旺盛的現象，則較不擔心會逢到秋運。

◎一般來說，「乙」日主會比「甲」日主更能適應環境，而且也比較細心、注意小細節，而且「乙」日主的人相當的有創造力，常常都會有不錯的意見和想法，其實也很適合從事開發創造的創意工作。

◎「乙」木也不適合直接遇到很旺盛的氣流（庚辛），像「庚申」、「庚戌」及「辛酉」這樣威力強的氣流，如此一來會對樹木有很直接的損傷，而大部分這樣的狀況，若沒有出現「戊」土或其他較旺的「乙」木來幫忙阻擋，或其他減弱氣流的管道，則是不理想的狀況，會感覺壓力很大，或身體狀況不佳。

◎若是整個本命四柱大環境的現象是水（壬癸）很旺盛或太冷的狀況，除了「乙」木無法好好生長之外，還容易因水旺而爛根或漂流，對「乙」木來說，當然是很不佳的狀況，它會影響到各方面的不穩定，也會讓「乙」木變得沒有發展和競爭力，所以會寧願過熱也不可以太冷。

乙日主的基本喜忌歸納：

- 基本上，喜春夏運，忌秋冬運，但有時候走秋運也可以。
- 乙日主比甲日主容易走到好運勢，應該說乙木的生長能力好，很能克服環境。
- 不可太缺水，也不宜水過多。
- 不喜歡己出天干，尤其是又逢遇到甲乙木。
- 不宜直接逢遇到庚，或是比較旺的辛。
- 過多的土也不是理想的運勢現象。
- 火不宜過旺，容易不可收拾的自焚，影響健康。
- 不喜地支出現沖刑剋亥，尤其是日主的地支逢遇到，容易有大影響。

（2）範例說明

這是一個乙丑日主的男命，生於丁巳月，大運是從丙辰開始的逆運，一歲起運，每十年逢一就會換大運。八字本命主要是在判斷此人的基本條件，以及個性和個人特質方面，調不調和也是從八字本命來判斷。首先看八字本命的部分，年柱癸亥屬於相當旺的癸水，對乙日主來說是相當旺的偏印，月柱丁巳卻是相當旺的丁火食神，對乙丑日主來說雖然水過多，但火也夠旺，加上時柱戊寅是育木功能不錯的戊土，所以整體來說是中間偏弱的格局，不過對乙日主來說還算理想調和，其實也可以發現此命盤喜神是火土。地支方面，由於月柱地支是巳，而時柱地支是寅，寅巳會出現刑剋現象，但是因為中間隔著日主，所以影響並不大，其實也不用太過考量這樣的現象。

運勢方面，大運起運丙辰，三月的丙火屬於相當理想的火，不過因為年柱癸亥的水剋火影響，丙火會

時柱	日柱(日主)	月柱	年柱	虛歲年限	八字本命
46歲之後	31至45歲	16至30歲	1至15歲		
戊寅	乙丑	丁巳	癸亥	四柱干支	

51歲至60歲	41歲至50歲	31歲至40歲	21歲至30歲	11歲至20歲	1歲至10歲	虛歲年限	大運
辛亥	壬子	癸丑	甲寅	乙卯	丙辰	干支	

30	29	28	27	26	25	24	23	22	21	20	19	18	17	16	15	14	13	12	11	10	9	8	7	6	5	4	3	2	1 +60	虛歲	流年
壬辰	辛卯	庚寅	己丑	戊子	丁亥	丙戌	乙酉	甲申	癸未	壬午	辛巳	庚辰	己卯	戊寅	丁丑	丙子	乙亥	甲戌	癸酉	壬申	辛未	庚午	己巳	戊辰	丁卯	丙寅	乙丑	甲子	癸亥	干支	
60	59	58	57	56	55	54	53	52	51	50	49	48	47	46	45	44	43	42	41	40	39	38	37	36	35	34	33	32	31	虛歲	
壬戌	辛酉	庚申	己未	戊午	丁巳	丙辰	乙卯	甲寅	癸丑	壬子	辛亥	庚戌	己酉	戊申	丁未	丙午	乙巳	甲辰	癸卯	壬寅	辛丑	庚子	己亥	戊戌	丁酉	丙申	乙未	甲午	癸巳	干支	

變得不穩定，不過大方向是屬於不錯的大運搭配，因為乙不太怕低溫所以出現丙辰就屬於不錯的運勢。

從一歲開始到十歲的丙辰運，雖然年柱癸亥的影響很大，但丙辰是相當重要的喜神，所以論好運，而可以解釋為從小印旺就受長上疼愛，加上大運更顯得聰明反應快，在學習方面相當理想，雖受寵愛但不致會溺愛。

十一歲起的乙卯運，從虛歲十一歲到二十歲，對日主乙丑來說是屬於比肩，這樣的運勢會開始有人際方面的變動和影響力出現。而因為年限的關係，所以要分成兩部分考量，也就是十六歲之前和之後，因為要考量到月柱年限是十六歲開始。

第一部分，從虛歲十一歲到十五歲，要考量到年柱癸亥和大運乙卯對於日主乙丑的影響狀況，首先年柱天干的癸水偏印就會被相當旺的乙卯比劫給分走許多，也就是說開始會把自己的福氣或是好處分給別人，但是乙卯因為是臨官帝旺的乙木，所以會帶給乙丑日主某些明顯的影響，應該是說會明顯受到同儕影響，不過要注意的是近朱者赤，近墨者黑，影響並不見得都是好的。

乙卯運的第二部分，是從十六歲到二十歲，要加入月柱丁巳來做考量，所以要考量的部分為年柱癸亥、月柱丁巳和大運乙卯，會對日主乙丑造成的所有可能現象。

主要的年限月柱丁巳開始發揮影響力，而在這樣的搭配裡面，很明顯是木生火現象，由於乙卯是相當旺的乙木，所以會幫助日主乙丑讓丁火更旺盛，這樣的狀況可以解釋成，比肩助旺食傷，人際或同儕會幫忙想辦法或給想法，因為丁巳本來就是旺的火，其實這樣的現象有點錦上添花，往往看起來好看，但是實在沒必要，有時候火過旺反而會造成問題，而且是在十五到二十歲，所以身邊的人際選擇就更顯重要，尤其是如果流年出現不理想的搭配。

流年戊寅和己卯，是此命盤的十六歲和十七歲，因為是財出天干，加上大運是相當旺的比肩乙卯，所以劫財現象就會明顯出現，要注意到的是工作財運或是感情方面的變動，甚至可能因為感情影響到財運。虛歲十八歲是庚辰年，出現正官出天干的流年，會感覺有壓力且煩躁，且因為大運的乙木會和日主乙木爭合庚金，所以流年運勢明顯不穩定，尤其是因為人際所帶來的壓力和影響。

甲寅運，從虛歲二十一歲到三十歲，基本上會和上一個大運乙卯類似，都是木出天干，也都會出現人際變動現象，但是因為干支搭配不同，且流年也會不一樣，所以還是會有些差異。

甲寅對此命盤搭配，對乙丑日主來說屬性是劫財，且甲寅是屬於相當旺的陽木，所以對日主的影響也會更多一些，不過甲和乙的特質不太一樣，對乙日主來說甲木是可以攀附的類別，所以不見得都是不理想影響，常常都會是不錯的貴人運勢，大方向來說甲寅運會比乙卯運理想。

但在這裡要注意到地支出現寅巳的刑沖現象，會出現比較是檯面下的劫財或是小人，這是比較美中不足的地方。

流年方面，虛歲二十七歲的己丑年，由於己丑是非常弱的薄土，實在無法負荷甲寅大樹，且天干也會有甲己合土的現象，也就是說流年的己土被大運甲寅給合走，對乙丑日主來說劫財把偏財合走，很像是有人伸手進口袋把錢掏走的感覺，而且無法阻止也莫可奈何，這樣的狀況大部分都會是不理想的狀況，真的要很小心注意，而且是人際方面會對工作財運或是感情婚姻的影響，甚至是健康方面也要注意。

癸丑運從三十一歲到四十歲，對乙日主來說是偏印出天干，癸丑是非常旺盛濕冷的水，年限換到了日柱乙丑，所以大運運勢主要考量的部分，為癸亥癸丁巳乙丑和大運癸丑，不過因為年柱已經隔了一個月柱，所以影響力會變小許多。癸丑運因為地支是冬運，環境是從春天變到了冬天，這樣對木日主來說並不是太理想，整個讓乙木很難繼續生長，加上天干出現了水，水多會讓木浮，整體來說也會較多變動。癸丑其實是結冰的水，在這個命盤裡面因為三十一歲之後火並不旺，所以冰如果要融化也不會太快，大方向來看要明顯出現漂流也不至於，應該說看起來好像很多貴人和好機會，但其實實際上要執行起來並不是這樣，只是中看不中用的大運運勢，低調保守會比較理想。

虛歲三十五歲的丁酉年，出現了不穩定的丁火食神，這對大運癸丑來說，明顯有水剋火現象，讓丁火更弱更不穩定，所以丁火就變成了忌神，也會是問題來源，過多的水壓制了弱的火，顯示出想法或不動產，甚至是健康都很可能出現變動。虛歲三十八歲和三十九歲，流年庚子和辛丑，是屬於相當旺的冬金，對乙木來說是相當大的官殺現象，要注意到工作財運或是健康方面的狀況，甚至是出現官司問題，不過在這裡要注意因為大運癸丑的水旺，會出現金生水現象，讓流年的旺金洩不少力度，整體的嚴重性和變動現象自然也會減低些，這是運勢當中的好現象。

大運壬子是從四十一歲開始，對乙日主來說是正印出天干，而在這裡要注意到，此大運要分成兩個部分判斷，就是四十六歲前和後，因為四十六歲開始就要加入時柱戊寅一起來判斷。從大方向來說，大運壬子也是印出天干，和前一個癸偏印差不多，都是水非常旺的大運，且有過而無不及，壬子其實水的規模更大更多，所以更容易出現氾濫的現象，大方向來說乙木日主會受到明顯影響，流來流去就會是勢必的現象，所以說不穩定或不固定型的工作型態會是最順勢的選擇，像是業務型、或是工作時間或地點不固定的型態……等。

壬子運的第一部分，是從四十一歲到四十五歲，最主要是受到壬子水旺的影響，這時候就需要夠旺夠力的燥熱搭配來調和，才會讓運勢更理想。四十一歲的流年癸卯，也是水出天干，正印偏印都出現，且水量相當旺，所以變動就更趨明顯，也會出現一些機會可以選擇，可以把握。四十二歲到四十五歲的流年分別是：甲辰、乙巳、丙午、丁未，都是相當旺的木和火，對此命盤來說都是相當不錯的流年搭配，夠旺的甲乙木會讓此乙丑日出現不錯的人際或貴人，而夠旺夠力的火搭配，會讓整個現象水火濟濟，壬子變成活水，能讓此乙丑更能發揮發展，整體來說這些流年搭配得相當理想，是理想的流年運勢。

第二部分的壬子運，從四十六歲到五十歲，這時候時柱戊寅也要加進來判斷，因為年限已經到了時柱，戊寅對乙丑來說屬於正財，戊寅雖然是不錯的育木厚土，但對於乙木來說要剋它卻要比較費力些，也會感覺比較忙碌有壓力，因為戊土是陽土厚土大格局，對陰木乙來說去剋它會較不夠力。

考量大運壬子之後，發現戊土是非常非常重要的喜神，因為戊土另一個功能可以蓄水，能讓壬子的大水不至於氾濫不受控制，整體來說搭配得相當理想。流年方面，四十八歲和四十九歲是庚戌和辛亥年，是相當旺盛的金搭配，對乙木來說直接會有金剋木現象，且因為大運壬子也會出現金生水，是金水過多的環境，但是因為年限在時柱，所以時柱的影響力相當大，戊土可以擋水也可以擋金，所以看起來金水過旺的不穩定也都會因為時柱理想而改善，所以說時辰生得好其實非常重要。

辛亥運從五十一歲到六十歲，冬天的辛金，對乙日主來說是相當旺的七殺出天干，會感覺相當大的壓力，不過因為時柱戊寅厚土可以擋金，所以狀況會減低許多，很明顯這一組八字都是靠時柱理想而運勢可以維持穩定，不過也很有機會要付出代價，因為戊寅畢竟是正財出天干，表示常需要用錢財來解決問題，很多人也都會認為錢財可以解決的問題都不是大問題就是了。

流年戊午和己未，是此命的五十六歲和五十七歲，因為戊午和己未是非常非常燥熱的土，正偏財出天干，加上時柱戊寅也是正財，所以對此命盤來說是不穩定的狀況，會因為工作或財運，甚至是感情婚姻而有變動狀況，且一般來說都不是太理想，也會感覺有壓力或是無力感。

所以會建議凡事都多維持低調保守，不建議增加投資或合夥，因為財過旺的流年，很可能會出現貪心而損失的現象，也很可能會影響到感情婚姻，不過如果可以把事業做些轉型或變動工作，會是非常好的選擇。五十八歲和五十九歲的庚申和辛酉年，是非常旺的氣流，要注意到因為大運也是非常旺的氣流，所以時柱的戊寅會顯得不夠旺，金剋木的現象多少還是會發生，所以要注意到健康方面的問題，或是官司方面的狀況。

3・丙日主

針對丙天干的六個日主，在這裡先做一些基本特質描述，因為即使是一樣的天干屬性，也會因搭配到不同的地支而出現一些特質的差異，以下大方向的做介紹。丙日主大方熱心，對人真誠有禮，外貌不錯，很有人緣。

各丙日主的基本特質：

・**丙寅**：春天一月的太陽，基本上屬於溫和的特質，但個性也會顯得較隨興，比較沒明顯的個性和堅持。

・**丙辰**：春天三月的太陽，各方面的先天條件都很好，容易有好命的基本特質。

・**丙午**：夏天五月的太陽，相當炎熱高溫，個人特質會很明顯，也很能展現自我能力，容易比較勞碌不得閒，婚姻大部分都不理想。

・**丙申**：秋天七月的太陽，此時的溫度會開始不穩定，個性特質屬於矛盾，有時太固執，有時卻又很隨和，有自己的標準和要求。

・**丙戌**：秋天九月的太陽，即將進入冬天的太陽，已經不太穩定炎熱，個性裡會有一種悠閒的特質，也比較溫和隨興些。

・**丙子**：冬天十一月的太陽，熱度不夠且越來越冷，個性屬於溫和聽話，善解人意，常常是人見人愛的特質。

相關項目的五行角色定義

因為男、女在論命上有些不同，所以需要將命盤裡相關的五行所代表的角色分別定義，這樣在論命上會更容易做判斷。

丙日主命盤，不管是在本命、大運或是流年中出現的天干，所代表的角色：

男生：
- 金（庚、辛）：「工作、財運」或「妻子」或「父親」。
- 水（壬、癸）：「壓力」或「損傷」（健康）或「展現」或「小孩」。
- 木（甲、乙）：「機會、福氣」或「貴人」或「母親」或「展現」。

●火（丙、丁）：「朋友」或「兄弟姊妹」或「人際」。
●土（戊、己）：「想法」或「不動產」。

女生：
●金（庚、辛）：「工作、財運」或「父親」。
●水（壬、癸）：「壓力」或「損傷」（健康）或「展現」或「丈夫」。
●木（甲、乙）：「機會、福氣」或「貴人」或「母親」或「展現」。
●火（丙、丁）：「朋友」或「兄弟姊妹」或「人際」。
●土（戊、己）：「想法」或「不動產」或「小孩」。

（1）重點及注意事項

◎基本上，若「本命四柱」的整體狀況屬於較旺、較炎熱，很能突顯日主「丙」威力的組合，則較不適合在大運遇到較缺水的支干組合。

像「癸未」、「壬午」及「癸巳」這樣天干出水的組合；也不喜歡直接遇到水旺的冬運，因為對「丙」日來說，若本命太旺，又遇到像「壬子」、「癸亥」的大運，則會發生因氣溫對比的沖擊，雖然會減弱本命的炎熱，但對日主來說，其實很有直接的損傷和變動，所以不能算是好運勢。

◎若「本命四柱」裡有木出天干的組合，然後在其年年限範圍內，遇到大運或流年有「庚」或較旺盛的「辛」出現，則是不理想的運勢狀況，尤其是較意外或不預期的事情。或是在大運，或本命及大運出現木出天干的組合，然後遇到流年「庚」或較旺盛的「辛」出現，也是一樣不理想。

相反地，若是先在本命或大運中有「庚」或較旺盛的「辛」出現，然後在年限範圍內遇到木出天干的大運或流年，也是屬於不理想的運勢狀況，因為木，基本上不喜歡遇到太旺盛的氣流，會有所損傷。

◎基本上，「丙」日的八字本命整個環境現象，最好不宜太旺、太燥熱，否則不太容易用大運或流年來調整，因為不管如何來降低它的溫度，都會出現些弊病和不順，所以「丙」日最好的狀況，應該是要在中間或中間偏弱的格局現象，才容易搭配到好運勢。

丙日主的基本喜忌歸納：

- 丙火在四季都可以，不忌秋冬運，但不宜太過燥熱，或是太過濕冷。
- 如果丙日主八字搭配太弱，則不宜逢遇水過旺，尤其是冬運水出天干。
- 如果丙日主八字太旺，則不宜逢遇水太弱，像是夏天水出天干。
- 丙日主命盤搭配不宜土過多，食傷過旺也不是好事。
- 不喜歡庚辛出天干，不管是金旺或弱，金都會不穩定。
- 運勢逢到庚辛金，若又遇到木的流年，明顯會有金剋木的現象，如果大運是木，而流年又逢遇到庚辛金，也會是金剋木現象。
- 丙日主比較不忌地支的刑沖剋現象，但多少還是會被影響。

（2）範例說明

這是一個丙辰日主的男命，生於丁卯月，大運是從戊辰開始的順運，四歲起運，每十年逢四就會換大運。八字本命主要是在判斷此人的基本條件，以及個性和個人特質方面，調不調和也是從八字本命來判斷。首先看八字本命的部分，年柱甲子屬於冬天的甲木，對丙日主來說是不算旺的偏印，月柱丁卯也是不旺的丁火劫財，對丙辰日主來說，是一種看起來的助力，其實時柱甲午才是真正有力的印，因為甲午是非常旺盛的偏印，也是整個命盤最主要的影響。整體來說，八字本命整體搭配只有木火兩種，很單純的木生火類型，此命盤是屬於中

時柱	日柱(日主)	月柱	年柱		
46歲之後	31至45歲	16至30歲	1至15歲	虛歲年限	八字本命
甲午	丙辰	丁卯	甲子	四柱干支	

54歲至63歲	44歲至53歲	34歲至43歲	24歲至33歲	14歲至23歲	4 歲至13歲	虛歲年限	大運
癸酉	壬申	辛未	庚午	己巳	戊辰	干支	

30	29	28	27	26	25	24	23	22	21	20	19	18	17	16	15	14	13	12	11	10	9	8	7	6	5	4	3	2	1 +60	虛歲	流年
癸巳	壬辰	辛卯	庚寅	己丑	戊子	丁亥	丙戌	乙酉	甲申	癸未	壬午	辛巳	庚辰	己卯	戊寅	丁丑	丙子	乙亥	甲戌	癸酉	壬申	辛未	庚午	己巳	戊辰	丁卯	丙寅	乙丑	甲子	干支	
60	59	58	57	56	55	54	53	52	51	50	49	48	47	46	45	44	43	42	41	40	39	38	37	36	35	34	33	32	31	虛歲	
癸亥	壬戌	辛酉	庚申	己未	戊午	丁巳	丙辰	乙卯	甲寅	癸丑	壬子	辛亥	庚戌	己酉	戊申	丁未	丙午	乙巳	甲辰	癸卯	壬寅	辛丑	庚子	己亥	戊戌	丁酉	丙申	乙未	甲午	干支	

間偏旺的格局，相當能表現丙火的特質和特色，外貌不錯會說話，也上得了檯面。

運勢方面，大運起運戊辰，從虛歲四歲影響到十三歲，戊辰是三月的戊土屬於相當理想的土，是很不錯的食神搭配，看起來是木生火且火生土的現象，表示從小聰明活潑，學習能力好，重要的是貴人運不錯，很有長輩緣。

十四歲起的己巳運，從虛歲十四歲到二十三歲，對日主丙辰來說是屬於傷官，這樣的運勢其實和前一個運戊辰差不多，不過還是要注意不同。因為年限的關係，所以要分成兩部分來考量，也就是十六歲之前和之後，因為要考量到月柱年限是十六歲開始。

己巳運的第一部分，從虛歲十四歲到十五歲，要考量到年柱甲子和大運己巳對於日主丙辰的影響狀況，首先年柱天干的甲子偏印就會被很旺的己巳傷官，天干甲己合土，也就是說本來是木生火且火生土的現象，會變成木生火但甲己合土，甲被己合走，所以要注意自作聰明反而會讓自己福氣變少，也會出現一些不成熟的想法，甚至可能影響到學業。

己巳運的第二部分，是從十六歲到二十三歲，要加入月柱丁卯來做考量，所以要考量的部分為年柱甲子、月柱丁卯和大運己巳，對日主丙辰的影響。整體來說是火炎土燥的環境，丁卯的火就顯得有點多餘，所以說人際方面的影響就要多注意，且不見得都會是好的影響。流年庚辰和辛巳，是此命的十七歲和十八歲，正財和偏財出天干，對丙日主來說會是財不穩定的現象，而且會是因為丁卯劫財而來，因為人際而影響到自己的財運或感情，不過一般來說，這樣的現象通常都是感情方面的變動，就此男命來說要注意也可能發生感情婚姻的不穩定，尤其是流年出現庚辛正偏財要很注意劫財問題。

虛歲十九歲和二十歲，是壬午和癸未年，因為流年本身就已經很缺水，而加入此命盤之後缺水的狀況更嚴重，水弱則變成了忌神，是不理想的來源。

由於官殺是忌神，所以要注意工作方面的變動，或是健康方面的狀況，特別是意外狀況都要小心注意，很可能會影響到健康。虛歲二十一歲甲申年，是屬於相當旺的偏印，會出現不錯的機會，不過要注意到地支的互相影響，地支出現了申子辰合水，及巳申刑的現象，而在這個命盤裡因為無法真的合水，所以刑剋現象就會比較明顯，巳申刑造成的支不穩定，火土和金都不穩定，要注意各種方面都可能的變動。

二十四歲到三十三歲是庚午運，對丙日主來說是偏財出天干，而且是非常弱的庚金，整體來說會更明顯出現不穩定，財不穩定通常都不是太理想的現象，尤其是過弱的財出天干，會反映在工作財運方面的不穩定或不理想，甚至是男命的感情婚姻狀況。

而這個大運要分成兩個部分，第一部分是二十四歲到三十歲，第二部分則是三十一歲到三十三歲。

庚午運的第一部分，要考量的是甲子、丁卯和庚午對日主丙辰的影響，這個部分比較明顯是在劫財方面，因為大運庚午本身已經是相當弱的金，但是月柱的丁卯的劫財也會剋金，日主丙辰自己就已經會明顯剋金，且已經讓庚午變更弱更不穩定，又加上丁卯也來搶著剋金，對日主丙辰來說，自己本來的財就已經不穩定，別人還來幫倒忙，所以說會因為人際而讓工作財運更不穩定，甚至人際會是損失的主要原因。

流年方面，二十七歲和二十八歲是庚寅和辛卯年，又是正偏財出天干，且也是不穩定的財流年，對日主丙辰來說財更明顯會出現變動，要注意工作財運方面的變動，此命也要注意感情婚姻的變動狀況，不過卻是相當理想的結婚年，可以把握，或許也會出現不錯的對象。

第二部分的庚午運，因為年限到了日主，所以日主地支本身的影響力就比較大，會影響三十一到三十三歲，月柱丁卯的影響就相對比較小。流年方面，虛歲三十一歲和三十二歲的甲午和乙未年，屬於相當旺的正偏印出天干，由於此命盤本身搭配加上大運已經是火土過旺的搭配，像這樣的流年只會讓命盤更燥熱也更不調和，當大運是出現這樣過弱的金，其實現象會更不理想，只會讓金庚弱更不穩定，印也會變成一種忌神，所以這樣的流年就要注意到貴人變小人，或是出現官司方面的問題，也要注意會影響到工作財運和健康。流年丙申年是三十三歲，出現相當旺比肩，由於火剋金的緣故，丙申也會剋庚午，這會是相當嚴重的劫財現象，看起來會是工作財運的明顯變動狀況，容易會是財務方面的損失和壓力。

大運辛未，是從虛歲三十四歲到四十三歲，現象是比庚午還更弱的辛金，是相當不穩定的正財，整體來說是屬於不穩定且不理想的運勢，會感覺努力卻無法有相等的回報，尤其是錢財或是感情婚姻方面，變動的機會相當大，不建議投資或自己創業，會不如預期理想。

天干出現丙辛合現象，但無法真正合水，辛卻被丙合走，有種自作聰明多做事卻反而壞事，太用力的結果卻更糟糕的現象，基本上盡量維持保守，低調不貪心，才是這樣的運勢最適合的解決方式。

流年丁酉是此命盤三十四歲，天干出現劫財丁火，且地支是桃花酉，這樣的搭配組合是劫財桃花，加上大運是正財，所以明顯會是感情婚姻變動，且會是和人際有關係，所以如果未婚則很適合選擇結婚，但若是已婚則要小心婚姻容易出現狀況。庚子和辛丑年是三十七歲和三十八歲，出現了相當旺的金正偏財，大運辛未則是很弱的辛金，看起來會因為庚子和辛丑的特質，也就是旺盛卻移動慢，而在冷熱之間出現金變活潑，雖然會有工作財運方面的不穩定，不過卻是不錯的變動，相當有機會出現更多收益，所以在投資方面是可以大膽些，收穫會不錯，是屬於很不錯的流年運勢，不過美中不足的地方是感情婚姻方面容易不穩定。

大運壬申，從虛歲四十四歲到五十三歲，壬申是相當旺的活水，對日主丙辰來說是屬於七殺出天干，而此大運要分成兩部分來看，第一部分是從四十四歲到四十五歲，第二部分是從四十六歲到五十三歲。壬申運的第一部分，要考量壬申會對日主丙辰的影響，看起來這樣的七殺似乎相當旺，會讓日主感覺壓力頗大，但其實壬申對火日主的人來說是相當好的運勢組合，雖然有壓力但也會相當有展現，尤其是在工作事業方面，會是相當好的運勢現象，如果搭配到理想的時柱，相信工作事業方面會更理想。

壬申運的第二部分，因為年限的關係要加入時柱一起考量，所以主要就是甲午和壬申會對日主丙辰的影響狀況，基本上，壬申對丙辰日主來說是很不錯的運勢搭配，加入甲午相當旺的陽木偏印，會感覺水變弱，不過也不至於會缺水，現象是木生火，水生木，水又剋火，印很旺會讓官殺變弱，至於運勢現象好或壞則要看流年的影響而定。

流年辛亥是此命盤四十八歲，是相當旺盛的冬金，會對甲午造成金剋木現象，但也會洩金變成金生水現象，所以整體來說金剋木的現象就不會太嚴重，也就是說本來可能出現的不理想現象會減低程度，不過財不穩定的現象還是會出現，還是要注意工作財運的變動，或是健康方面的狀況。

壬子和癸丑年是在四十九歲和五十歲，都是屬於非常濕冷旺盛的冬水，也是非常旺的官殺，加上大運是壬申，也是相當旺的七殺，官殺重出又旺，本來是不理想的現象，但是因為時柱是甲午，是相當燥熱有力的偏印，會有非常大的幫助，這時候甲午就變成了很重要的喜神，可以平衡環境的水過多現象，且因為地支又出現申子辰合水現象，對此日主來說會出現意想不到的好事，即使是有壓力的運勢，結果都會不錯。

大運癸酉，是從五十四歲到六十三歲，屬於還不錯的正官搭配，對火日主來說是屬於不錯的運勢，但是因為時柱是甲午，過旺的陽木會讓水變弱許多，這時候的甲木印就會變成不理想的影響，尤其是當流年出現燥熱的干支搭配則會更明顯，要注意工作財運或健康方面的問題。流年戊午和己未，是此命盤五十五歲和五十六歲，出現了過旺的食神和傷官，土剋水現象特別明顯，本來就已經不是太旺的水就變得更弱了，且戊午年還會有戊癸合火現象，戊土直接變成忌神，食傷就會是不理想的來源，所以要注意到自己的想法或是不動產方面的變動，會造成工作財運的不穩定，甚至影響到婚姻或健康，不宜自作聰明的貪心。

流年庚申和辛酉，是此命的五十七歲和五十八歲，是相當旺盛的金氣流正偏財，由於大環境出現了木火金水四種屬性的天干，所以狀況會比較複雜，這時候則要考量屬性旺弱問題，以及是否有沖刑剋現象，當中木火相當旺，金水也非常旺，所以金剋木及水剋火現象會比較明顯，要注意會有明顯的壓力和煩躁，且金剋木也可能會出現官司或是健康問題，工作財運也要注意。另外辛酉是日主丙辰的正財桃花，此年也要注意感情婚姻的不穩定，會是吉中帶凶的現象。

4・丁日主

針對丁天干的六個日主，在這裡先做一些基本特質描述，因為即使是一樣的天干屬性，也會因搭配到不同的地支而出現一些特質的差異，以下大方向的做介紹。丁日主通常都是能言善道的類型，外向大方，也相當熱心。

各丁日主的基本特質：

・**丁卯**：春天二月的溫度，不太冷不太熱，溫度很剛好，基本能力不錯，也相當有自己的優越感，個性屬於活潑聰明，反應很快。

・**丁巳**：夏天四月的溫度，相當的炎熱，且溫度還會持續上升，相當有自我想法和堅持，外向且愛熱鬧，但也會比較表面和八卦。

・**丁未**：夏天六月的溫度，非常的高溫炎熱，屬於大膽積極的類型，但也比較愛表現和自我，熱心大方，也喜歡多管閒事。

・**丁酉**：秋天八月的溫度，此時的氣候已經不穩定，個性裡有一種自我堅持和矛盾，情緒起伏也比較明顯，自我要求相當高。

・**丁亥**：冬天十月的溫度，火相當弱，個性屬於大方有禮貌類型，自我要求相當高，但也愛面子。

・**丁丑**：冬天十二月的溫度，是最寒冷的時節，丁火顯得非常弱，但冬天的火卻是大家喜歡的類型，個性相當熱心且有正義感。

相關項目的五行角色定義

因為男、女在論命上有些不同，所以需要將命盤裡相關的五行所代表的角色分別定義，這樣在論命上會更容易做判斷。

丁日主命盤，不管是在本命、大運或是流年中出現的天干，所代表的角色：

男生：・金（庚、辛）：「工作、財運」或「妻子」或「父親」。

・水（壬、癸）：「壓力」或「損傷」（健康）或「展現」或「小孩」。

●木（甲、乙）：「機會、福氣」或「貴人」或「母親」或「展現」。
●火（丙、丁）：「朋友」或「兄弟姊妹」或「人際」。
●土（戊、己）：「想法」或「不動產」。

女生：
●金（庚、辛）：「工作、財運」或「父親」。
●水（壬、癸）：「壓力」或「損傷」（健康）或「展現」或「丈夫」。
●木（甲、乙）：「機會、福氣」或「貴人」或「母親」或「展現」。
●火（丙、丁）：「朋友」或「兄弟姊妹」或「人際」。
●土（戊、己）：「想法」或「不動產」或「小孩」。

（1）重點及注意事項

◎若本命的環境是屬於偏旺、較炎熱高溫的組合，則較不適合遇到較缺水的大運，像「癸未」、「壬午」及「癸巳」這樣天干出水又缺水的組合，而以此類推，若本命加大運的環境是屬於偏旺炎熱的格局，則也不適合遇到缺水，水壬癸出天干的流年，會是不理想的運勢狀況。

◎「丁」日和「丙」日雖有差不多的習慣和特性，但「丁」火的整個高低溫範圍卻比「丙」火大，即最高溫和最低溫都超過「丙」日，也比較活潑。基本上，「丁」日不太一定要旺或弱才是好，但最好的狀況是不要出現任何太過或缺乏的元素，才能算是理想的現象。

◎一般來說，太旺的「丁」，或如果已經在本命或大運有木甲乙，則不適合再逢遇到氣流庚辛在天干的大運或流年，會是不太好的狀況，相反地，如果已經有「庚辛」在天干，則也不適合再逢遇到木甲乙在天干的組合，容易影響到展現和工作。

◎若是「丁」日的本命已經相當弱、相當低溫寒冷，如果大運又是低溫和金水旺的秋冬運，像「壬子」、「庚子」、「辛丑」……等的組合，則也是不理想的運勢狀況，而在健康方面也會不好。

丁日主的基本喜忌歸納：

- 基本上，火日主不忌走冬運，尤其是丁火日主。
- 整體來說不宜太缺水，但也不喜歡水過多。
- 不喜歡庚辛財出天干，尤其是又逢遇到丙丁比劫。
- 火和土不宜過旺，容易變成火炎土燥的過偏現象不易平衡。
- 運勢逢到庚辛金，若又遇到木的流年，明顯會有金剋木的現象，如果大運是木，而流年又逢遇到庚辛金，也會是金剋木現象。
- 丁日主比較不忌地支的刑沖剋現象，但多少還是會被影響。
- 丁日主最理想的狀態是中間偏弱，過旺或是過若比較難調和。
- 通常壬天干對丁日主來說是有展現的正官。

(2) 範例說明

這是一個丁巳日主的女命，生於乙巳月，大運是從甲辰開始的逆運，九歲起運，每十年逢九就會換大運。八字本命主要是在判斷此人的基本條件，以及個性和個人特質方面，調不調和也是從八字本命來判斷。八字本命整體來說，年柱壬戌水相當旺，月柱乙巳的木也還算旺，日主丁巳也是屬旺的丁火，時柱壬寅水屬於剛好，所以水和火的旺度差不多，是還算調和的八字本命組合，相當能展現丁日主的特質和特性，熱心大方，親和力夠也能言善道，但要注意年柱和時柱正官可能出現的影響。大運甲辰是從虛歲九歲到十八歲，因為年限的關係，影響的時間不同，所

時柱	日柱(日主)	月柱	年柱	虛歲年限	八字本命
46歲之後	31至45歲	16至30歲	1至15歲	虛歲年限	
壬寅	丁巳	乙巳	壬戌	四柱干支	

59歲至68歲	49歲至58歲	39歲至48歲	29歲至38歲	19歲至28歲	9 歲至18歲	虛歲年限	大運
己亥	庚子	辛丑	壬寅	癸卯	甲辰	干支	

30	29	28	27	26	25	24	23	22	21	20	19	18	17	16	15	14	13	12	11	10	9	8	7	6	5	4	3	2	1 +60	虛歲	流年
辛卯	庚寅	己丑	戊子	丁亥	丙戌	乙酉	甲申	癸未	壬午	辛巳	庚辰	己卯	戊寅	丁丑	丙子	乙亥	甲戌	癸酉	壬申	辛未	庚午	己巳	戊辰	丁卯	丙寅	乙丑	甲子	癸亥	壬戌	干支	
60	59	58	57	56	55	54	53	52	51	50	49	48	47	46	45	44	43	42	41	40	39	38	37	36	35	34	33	32	31	虛歲	
辛酉	庚申	己未	戊午	丁巳	丙辰	乙卯	甲寅	癸丑	壬子	辛亥	庚戌	己酉	戊申	丁未	丙午	乙巳	甲辰	癸卯	壬寅	辛丑	庚子	己亥	戊戌	丁酉	丙申	乙未	甲午	癸巳	壬辰	干支	

以此大運要分成兩個部分來考量。第一個部分的甲辰運是從九歲到十五歲，要考量到年柱和大運甲辰對日主丁巳的影響，正官和正印都相當旺，對日主丁巳來說其實還算理想，雖然正官的壓力還算大，不過甲辰的正印也相當有力，所以壓力會減少許多，整體來說還算平衡調和的運勢組合。

虛歲十歲的辛未年，是屬於偏財出天干，且是相當弱的辛金，如果要討論會產生的現象，會發現辛未會分身乏術忙不過來，既要剋木又要生水，還要被火剋，所以金就變成了不理想的元素，太弱又非常不穩定，對丁日主來說是相當明顯的財不穩定的狀況，但是要考量到年限是十歲，還是屬於家運之內，所以就要注意到父親的工作財運，或是家運變動，或是自己的健康不理想。

虛歲十一歲和十二歲是壬申和癸酉年，對火日主來說壬申和癸酉的官殺組合，雖然是相當旺的官殺組合，但是水會是火日主的展現來源，有壓力才會有好發展，水也會是火日主的文昌來源，所以壬申和癸酉活水其實相當理想，對此命盤來說，這兩年會是相當理想的流年運勢，且對家運來說也會很不錯。

第二部分的甲辰運，從十六歲到十八歲，因為年限的緣故所以要把月柱乙巳加進來討論，所以甲辰和乙巳正偏印都出現，且都是相當旺的甲乙木，當然會讓日主丁巳變旺許多，但相對也會讓年柱的壬水變弱些，正官的壓力程度變少許多，整體現象會是日主更有自我主見和想法。

虛歲十七歲的流年是戊寅，出現傷官流年，雖然不是太旺的戊土，不過戊土的特質在這裡還是相當能發揮，不管是育木還是剋水，也表示此人很積極的在表現自我想法和能力。而虛歲十八歲的己卯年，雖然也是土出天干，但因為己卯的格局和特質和戊土不同，所以對這樣的環境的影響狀況也不一樣，己土對甲辰和乙巳來說其實過弱，不管是要育木或是剋水都不理想，且甲己合土的現象會把甲木弄壞，反而變成忌神，這時候就要注意到錯誤的決定或想法，女命也要注意出現小孩的問題。

十九歲到二十八歲是癸卯運，對丁日主來說是屬於七殺，不過癸卯並不是旺的水，所以對丁巳來說不會是太大的壓力，反而很可能會因為火旺水弱，而變成火剋水現象，水反而變得不穩定，大方向來看，是屬於看起來的壓力，實際上壓力並沒太大，但是心裡的煩躁卻會比壓力更多，女命的話還要注意感情婚姻方面的不穩定現象。

虛歲二十一歲和二十二歲是壬午年和癸未年，對丁日主來說是官殺出天干，雖然是相當弱的官殺，但加上大運的癸卯，也是七殺的大運組合，所以明顯會有工作財運方面的變動，而壬午年對日主丁巳來說屬於正官桃花年，尤其是女命命盤會是相當明顯的感情婚姻變動現象，即使沒有結婚的選擇，也會出現讓她相當想婚的對象。

虛歲二十三歲甲申年，是屬於相當旺的甲木正印，對丁日主來說是很實質的木生火現象，但相對來說就會讓大運的癸水變得更弱更不穩定，所以變成印讓官殺不穩定，看起來的好機會其實卻會影響本來的工作財運或是感情婚姻，甚至會影響健康。二十五歲丙戌年，劫財出天干，雖然是不太穩定的丙火搭配，但還是會讓大運的癸卯水更弱，要注意劫財引起的不理想現象，尤其是工作財運的影響。

大運壬寅從二十九歲到三十八歲，對日主丁巳來說是屬於還不錯的正官，壬寅其實是相當有功能的壬水，尤其是在育木方面，不過因為壬寅比上一個大運癸卯旺許多，所以對日主來說會感覺到更多壓力，但也會有更多的展現，加上丁壬天干合木，日主的功能會因為大運壬寅更有效用，且更有發揮。

要討論壬寅運也要分成兩個部分來看，因為年限的關係，第一部分是從二十九歲到三十歲，第二部分則是從三十一歲到三十八歲。第一部分的壬寅運，虛歲二十九歲和三十歲，流年庚寅和辛卯年，會出現火剋金且金生水現象，由於庚寅辛卯的金相當弱，所以氣流金直接就是不理想的來源，加上地支寅刑巳，會讓金更不穩定，所以要注意工作財運的不穩定現象。

第二部分的壬寅運，從三十一歲到三十八歲，因為年限的關係要加入日主地支巳的影響力，整體來說八字本命會更旺些，對大運壬寅來說其實是好的影響，大方向來看，壬寅運是不錯的大運運勢，雖然是相當旺的正官組合，但是此命卻會更有展現和發揮。

流年方面，三十一歲的壬辰年，又是正官出天干，壬辰屬於相當好的搭配，且會和大運壬寅出現地支三會木現象，所以地支會合出一個貴人，雖然天干看起來壓力很大，不過地支的貴人會更實質，如果要變動工作或投資，會出現不錯的機會，女命也要注意感情婚姻的變動。虛歲三十五歲的丙申年，出現劫財丙火，且會和大運壬寅有天干沖，還有地支寅巳申三刑現象，所以要特別注意到因為人際而影響的各方面不穩定，尤其是工作財運方面的損失，或是不理想變動。

三十八歲的己亥年，是屬於較弱的己土食神，加上地支出現了寅巳亥，容易刑剋的搭配，所以整體來說己土無法蓄水，甚至變成被水淹，所以這樣的搭配比重來看，日主丁巳就顯得更重要，火要夠旺才能旺土，看起來下半年就要多注意一些不預期的狀況出現。

大運辛丑，從虛歲三十九歲到四十八歲，由於年限的影響時間不同，所以此大運要分成兩個部分，第一部分是從三十九歲到四十五歲，第二部分則是要加入時柱來做考量，從四十六歲到四十八歲。辛丑運的第一部分，天干出現辛金偏財，且是相當旺的冬金，對火日主來說這樣的財出天干運勢，其實相當的理想，尤其是在工作財運方面，雖財出天干會是工作財運不穩定的現象，但是因為辛丑的特性是冬天不動的冷氣流，所以在火剋金方面則會得心應手，要多少就可以拿多少，也就是說可以從財來財去之中有些獲利在手，是不錯的財運運勢，但這只是大方向的現象，要真正瞭解每年的運勢現象，就要考量進流年干支。

虛歲三十九歲和四十歲是庚子和辛丑年，剛好也是出現一樣的財干支，都是相當旺的冬金，對此命盤來說，日主丁巳加上月柱乙巳的力量其實相當夠力，所以對這樣的大運和流年可以應付，也更顯得乙巳的重要性，很明顯從這個大運開始乙巳就變成絕對的喜神，是相當有幫助的偏印。

庚子和辛丑流年，加上大運辛丑，其實可以解釋為財勢必要變動，但也會是好的變動方向，所以很適合選擇工作的變動，或是投資方面的變動，都很有機會可以有不錯的收穫。

四十三歲和四十四歲是甲辰和乙巳年，出現了正偏印出天干，且是相當旺的甲乙木，看起來原本是很不錯的木生火機會，但是因為大運是辛丑，過冷的冬金氣流，所以金剋木的現象會明顯出現，這時候就要注意到財剋印的問題，尤其是甲木被金剋，除了可能是健康方面的不穩定，也可能會有名譽或官司方面的狀況，所以最好的方式是低調保守，忌貪心。四十五歲的丙午流年，出現過旺的劫財，且天干會有丙辛合水的現象，顯示出因為人際而影響到工作財運，很可能出現損失的狀況，也很可能是感情婚姻狀況，丙午流年其實也是丁巳日主的劫財桃花，所以不管是男命或是女命，都要注意感情婚姻可能的變動，尤其是因為自己或對象的人際而起。

大運辛丑的第二部分，要加入時柱壬寅一起來考量，因為壬寅是日主丁巳的正官，所以整體來說會讓大環境更降溫許多，金水就顯得更旺，對此命盤來說會感覺到更大更多的壓力，天干出現丁壬合木，且地支出現寅巳刑現象，對丁巳來說，這樣的時柱會讓丁巳感覺到許多的無力感和壓力。

流年戊申是虛歲四十七歲，出現了夠旺的傷官戊土，相當能夠蓄水擋水，且地支中會和寅巳合成三刑現象，整體來說會刑到金水，所以是相當好的流年，可以在不動產或是事業方面更上一層樓，可以放手一搏。

大運庚子是從四十九歲到五十八歲，庚子其實和前一個辛丑差不多，只是規模和格局更大許多，對此命盤來說其實還是財來財去的運勢現象，不過因為時柱是壬寅正官，金生水的現象也不可以忽略，所以說雖然工作財運會不錯，但要更注意到健康方面的問題，由於火會越來越弱，水官殺越來越旺，此命盤就顯得越來越不平衡。

流年庚戌和辛亥是四十九歲和五十歲，又出現很旺的正偏財，對此命盤來說會是過旺的金水現象，也是過旺的官殺現象，除了金生水現象明顯之外，水剋火現象也很明顯，丁火就變得相當弱相當不穩定，因為財過旺而引起所有的問題。這時候就要注意工作財運所引起的問題，反而變成更大的壓力來源，也要小心因為貪心所帶來的問題，很可能會讓自己無法掌控整個狀況，失去更多。健康方面也要多注意小心，尤其是心血管方面的疾病。

壬子和癸丑年是五十一歲和五十二歲，這是更旺更濕冷的大水流年，水剋火現象更為明顯，而且因為金生水現象也很多很多，水就顯得比實際上更旺更多，日主丁巳實際上的壓力就更大更多，這時候對各方面都無法掌握，有一種被環境主宰的感覺，自己好像無法做任何掙扎，雖然運勢如此，但是自己還是要在健康方面多用心，也或許對很多事可以改變想法和心念，對壓力的解釋也就會不同。

大運己亥是從五十九歲到六十八歲，天干出現食神己，但卻是較弱的己土己亥，加上地支出現寅巳亥的組合，其實在流年方面就要注意到會有刑剋的問題，主要也還是影響到健康方面，天干己土太弱則要注意到不動產，或是小孩引起的問題，總之各方面要維持穩定和低調會比較理想，而錢財方面宜守不不宜攻會比較好。

5・戊日主

針對戊天干的六個日主，在這裡先做一些基本特質描述，因為即使是一樣的天干屬性，也會因搭配到不同的地支而出現一些特質的差異，以下大方向的做介紹。戊日主的特質屬於忠厚，比較是值得依靠的類型，且相當有包容力，大方有禮貌。

各戊日主的基本特質：

・**戊寅**：春天一月的高山，屬於溫和穩重的特質，但也會顯得比較隨和些，個性裡有些神經質和固執，也很會自我要求。

・**戊辰**：春天三月的高山，各方面的先天條件都很好，容易有好命的基本特質，但也易受運勢影響較大。

・**戊午**：夏天五月的高山，相當炎熱高溫，個人特質會很明顯，也非常容易太過固執自我，喜歡控制和主導，易給人壓力。

• **戊申**：秋天七月的高山，此時的氣候開始不穩定，個性容易起伏大，聰明頭腦反應快，很有自己的看法和要求，也能發揮自我才華。

• **戊戌**：秋天九月的高山，即將進入冬天的高山，氣候已經不太炎熱，個性裡會有一種自在自我的特質，也比較溫和隨興些。

• **戊子**：冬天十一月的高山，氣候越來越冷，個性屬於老實溫和，保守守舊，很有自我的堅持和固執，但對外有禮值得信賴。

相關項目的五行角色定義

因為男、女在論命上有些不同，所以需要將命盤裡相關的五行所代表的角色分別定義，這樣在論命上會更容易做判斷。

戊日主命盤，不管是在本命、大運或是流年中出現的天干，所代表的角色：

男生：• 水（壬、癸）：「工作、財運」或「妻子」或「父親」。

• 木（甲、乙）：「壓力」或「損傷」（健康）或「展現」或「小孩」。

- 火（丙、丁）：「機會、福氣」或「貴人」或「母親」。
- 土（戊、己）：「朋友」或「兄弟姊妹」或「人際」。
- 金（庚、辛）：「想法」或「不動產」。

女生：
- 水（壬、癸）：「工作、財運」或「父親」。
- 木（甲、乙）：「壓力」或「損傷」（健康）或「展現」或「丈夫」。
- 火（丙、丁）：「機會、福氣」或「貴人」或「母親」。
- 土（戊、己）：「朋友」或「兄弟姊妹」或「人際」。
- 金（庚、辛）：「想法」或「不動產」或「小孩」。

（1）重點及注意事項

◎一般來說，「戊」日比較喜歡逢到春夏大運，除非是很旺、很燥熱的本命格局，就比較不介意逢到秋冬運，否則春夏運會是比較理想的狀況。

◎基本上，「戊」日的主要功能是「育木」和「蓄水」兩項，若是有木在天干的組合出現，不管是本命、大運或流年，都是要發揮「育木」功能，其他沒有木出現的，才能做「蓄水」的工作，但「戊」土遇到木出天干時，會感覺壓力較大，卻也較看得到展現，尤其是遇到旺盛的甲木會更明顯。而若是逢到兩個以上的木在天干，就不能算太理想，因為木多會太壓抑和勞碌。

◎若是本命「戊」土是太冷、太弱的格局，則不適合再逢到金水旺的組合，像「壬子」、「壬戌」、「癸亥」、「庚子」……等，會比較難有發揮和機會，也會較有變動，其實不是好現象。基本上，「戊」日最好的狀況應該是中間或中間偏旺的格局，否則不管是太旺或太弱都不容易平衡。

◎「戊」日主其實也不喜歡有木出現，而又逢到金，或有金又遇到木，會直接影響到展現，不管是在本命、大運或流年都是，尤其是女生「戊」日，會容易影響到感情和婚姻。

◎走春夏運的戊土日主，不喜歡缺水的大運或是流年，像是壬午或癸未，都會是太過缺水的搭配，即使走好運也會有些弊病出現。

戊日主的基本喜忌歸納：

- 基本上，戊土在四季都可以，但不宜太過燥熱，或是太過濕冷。
- 如果戊日八字搭配太弱，則不宜逢遇水過旺，或是木過旺。
- 如果戊日八字搭配太旺，則不宜逢遇水太弱，還有比劫過旺也不是好事。
- 不喜歡庚辛出天干再加上木出天干，容易有金剋木的現象。
- 戊日主的運勢主要還是不宜冬運，春夏運還是比較理想，尤其是育木功能的戊土日主，也就是八字本命或大運有出現甲乙木的干支組合。
- 冬運的戊土日主喜歡出現火來生土，用比劫戊己來相助有點來不及。
- 土的特質還有一點要注意，潤土才會生金，厚土就會埋金。
- 戊土有一個獨一無二的特質，可以擋風也可以擋水，尤其是旺的戊土則更有力。

（2）範例說明

這是一個戊戌日主的男命，生於壬寅月，大運是從辛丑開始的逆運，兩歲起運，每十年逢到二就會換大運。八字本命部分，日主戊戌是農曆九月的戊土，日主偏弱，如果要用來育木或蓄水其實都不會太理想，但要看其他搭配而定。年柱丁巳對日主戊戌來說，是相當旺的正印，四月的丁火很能讓土增溫，而月柱出現壬寅，是屬於一月的大水，除了有降溫的問題，天干出水也顯示會讓大環境更冷些，時柱出現辛酉，是相當旺盛的氣流，相當容易出現金生水現象，整體來說因為八字本命的金水較多，對戊日主是屬於

時柱	日柱(日主)	月柱	年柱	年限	八字本命
46歲之後	31至45歲	16至30歲	1至15歲	虛歲	
辛酉	戊戌	壬寅	丁巳	四柱干支	

52歲至61歲	42歲至51歲	32歲至41歲	22歲至31歲	12歲至21歲	2歲至11歲	年限虛歲	大運
丙申	丁酉	戊戌	己亥	庚子	辛丑	干支	

30	29	28	27	26	25	24	23	22	21	20	19	18	17	16	15	14	13	12	11	10	9	8	7	6	5	4	3	2	1 +60	虛歲	流年
丙戌	乙酉	甲申	癸未	壬午	辛巳	庚辰	己卯	戊寅	丁丑	丙子	乙亥	甲戌	癸酉	壬申	辛未	庚午	己巳	戊辰	丁卯	丙寅	乙丑	甲子	癸亥	壬戌	辛酉	庚申	己未	戊午	丁巳	干支	
60	59	58	57	56	55	54	53	52	51	50	49	48	47	46	45	44	43	42	41	40	39	38	37	36	35	34	33	32	31	虛歲	
丙辰	乙卯	甲寅	癸丑	壬子	辛亥	庚戌	己酉	戊申	丁未	丙午	乙巳	甲辰	癸卯	壬寅	辛丑	庚子	己亥	戊戌	丁酉	丙申	乙未	甲午	癸巳	壬辰	辛卯	庚寅	己丑	戊子	丁亥	干支	

偏弱的命盤，而且也因為沒出現甲乙木，所以就蓄水來看，更稍嫌弱了些，所以丙丁印或戊己比劫就更重要。

大方向來看，此組八字命盤其實搭配得相當好，因為戊土的功能是育木和蓄水，當命盤裡面沒有出現甲乙木的本命或大運，土日主就很單純的蓄水，只要讓水不要過多或是過少，就會是好的運勢，且也不用顧慮到育木的所有問題。

大運辛丑是從兩歲到十一歲，因為年限的關係，則要考量年柱丁巳和辛丑，對日主戊戌的影響，會出現火生土和土生金的現象，雖然也會有火剋金現象，不過因為日主是戊戌，所以火剋金現象並無妨，只是會讓金更活潑更旺其實是不錯的現象，整體來說此人從小就聰明學習力強，長上師長也都對他有相當好的幫助，是受寵愛又不會溺愛的狀況。

流年方面，虛歲八歲和九歲是甲子和乙丑年，因為流年出現甲乙木官殺，加上大運辛丑是相當旺的金，所以要注意金剋木現象，對日主戊戌來說會是食傷剋官殺現象，且由於金剋木是比較重的現象，所以就要小心健康方面的問題，像是因為自作聰明或是多做事而產生的健康問題，甚至是意外導致的健康狀況都要注意。

大運庚子，影響十二歲到二十一歲，由於年限的關係，月柱是從十六歲開始影響，所以庚子運要分成兩部分來討論，第一個部分是從十二歲到十五歲，第二部分則是從月柱開始的十六歲到二十一歲。

第一部分的庚子運，其實和上一個辛丑差不多，都是相當旺盛的冬金，但庚子的規模和格局都比較大，這是要注意的地方，是屬於土生金的現象為主，顯示此人相當聰明有想法，而流年方面，十四歲和十五歲是庚午及辛未年，又是食傷出天干，不過卻是相當弱的庚辛金，也因為地支是燥熱的午未，金會明顯更旺盛活潑，對日主戊戌來說就會是過多的一塊，自我的想法和聰明才智過多，反而會造成個性的自我和主觀，建議學習沉穩和低調會比較理想。

庚子運的第二部分，從十六歲到二十一歲，且要加入月柱壬寅來討論，所以丁巳、壬寅和庚子對日主戊戌的影響現象，從比重上來看，金水多於火土，由於壬寅是一月份的大水，溫度並不高，所以金生水現象就會更明顯，對本來就不旺的戊戌來說要蓄水就會感覺更有壓力，這時候丁巳就更顯重要，但是也有些無能為力的現象，整體來說土生金，而金生水，土又要擋水，問題是土不夠旺，所以月柱壬寅的出現反而變成一種壓力，為了自己想做的和想要的，反而帶來很大壓力，而男命也會因為財出天干而有感情方面的變動。

流年方面，虛歲十八歲和十九歲是甲戌和乙亥年，出現官殺甲乙木，對日主戊戌來說明顯出現壓力，且因為大運的庚子會有金剋木現象，所以木會有不穩定現象，土生金而金剋木，要注意自己的做錯決定或不理想的做法而引起的問題，可能影響到健康亦或是官司問題，男命也要注意小孩的問題。

大運己亥，會從虛歲二十二歲影響到三十一歲，己亥對日主戊戌來說是屬於相當弱的劫財，整體來說幫助不大，卻要小心流年若不理想會帶來的問題。

此大運也要分成兩部分來分析，也就是日主年線的三十一歲前和後，第一個部分是從二十二歲到三十歲，由於此部分的影響主要還是月柱壬寅和大運己亥，對日主戊戌來說，出現了不理想的劫財，除了可能會被爭財之外，地支亥也太濕冷，對大環境來說更沒幫助，不過只要流年不要出現太過與不及的流年，應該都還算穩定，基本上此大運主要應該注意人際對各方面的影響。

流年方面，虛歲二十三歲己卯年，天干又出現一個劫財，對此命盤搭配並不是太理想，明顯會出現劫財現象，加上地支亥卯半合木，表示會讓日主感覺到劫財帶來的壓力，所以要注意人際的影響。

二十六歲和二十七歲是壬午和癸未年，出現正偏財出天干，且是相當弱的壬癸水，也由於大運己亥劫財，所以多少都會有劫財現象，工作財運的變動機會相當大，也可能是男命的感情婚姻變動，而因為地支是午未夠旺的火土地支，所以整體來說應該不會太糟，順勢變動會是不錯的選擇。虛歲二十八歲的甲申年，屬於相當旺的甲木七殺，對於戊戌日本身的影響就不小，加上大運己亥又會有甲己合土現象，爭奪木卻壞木，還有也出現了地支寅巳申亥嚴重三刑，都是刑到甲木，所以甲木就變成了目前的弊病，既然七殺出現不穩定現象，就要注意到相關的問題，也可能影響到各個方面，也很可能都是因人際而起，都要小心注意。

己亥運的第二部分，只影響三十一歲，因為年限影響所以要加入日主地支戌來一起考量，流年丁亥是虛歲三十一歲，出現正印的流年，整體上來看還算穩定，不過因為地支亥較冷，所以會讓日主戊戌比較偷懶些。

大運戊戌，從虛歲三十二歲影響到四十一歲，和日主一樣都是戊戌的大運，由於戊土的特質影響，基本上對此命盤來說還算穩定，不過也沒有太多正面的幫助，大方向是屬於人際有變動或是會被人際影響的運勢現象，可好可壞，就要看流年而定。

流年庚寅和辛卯是此命的三十四歲和三十五歲，出現相當弱的庚辛金，當弱的庚辛金逢到同時兩個戊戌，基本上金生水的機率很低，而土生金的機會也不大，因為重重的厚土對庚寅辛卯的弱金來說，無法變強也無法活潑，所以金就會是不穩定不理想的原因，明顯會感覺無法發揮且綁手綁腳，故要注意不動產方面的變動，甚至是健康方面的問題。

虛歲三十六歲和三十七歲是壬辰和癸巳年，流年是偏弱的正偏財，對日主戊戌來說已經是不理想的現象，再加上大運又是戊戌，正偏財會被爭財，且癸也會被天干戊給爭合，所以明顯會出現工作財運不穩定，也可能出現錢財方面的不理想或損失，男命也要注意感情婚姻方面的變動，如果是已婚則要多小心注意婚姻出狀況，若未婚則很適合選擇結婚，或是出現很不錯的對象，可以把握。

大運丁酉，會影響四十二歲到五十一歲，而由於年限的關係，時柱會從四十六歲開始影響本命，所以此大運要分成兩部分來判斷，第一部分是從四十二歲到四十五歲，而第二部分是從四十六歲到五十一歲。基本上丁酉對日主戊戌來說，屬於正印火生土，不過因為丁酉的火是秋天的火並不穩定，所以幫助並不大，但大方向還算運勢穩定。

第一部分的丁酉運，和之前的大運比劫不同，整體來說運勢理想許多，也相對較少出現人際方面的影響，且天干出印也是不錯的貴人運勢。

流年部分，四十四歲和四十五歲的庚子和辛丑年，出現相當旺的庚辛金，本來屬於火剋金的現象，反而變成金剋火，丁火顯得更不穩定，雖然沒有甲乙木會被金剋，不過要注意到不動產方面的變動，甚至是可能健康方面的狀況。

第二部分的丁酉運，會影響四十六歲到五十一歲，且要加入時柱辛酉一起來討論，因為辛酉屬於相當旺盛的辛金，所以食傷的影響力對於此命盤的下半輩子就很明顯，好或壞都會因為食傷的影響，大方向就要注意不動產及健康方面的狀況。

流年方面，四十八歲和四十九歲是甲辰和乙巳年，對日主戊戌來說是屬於相當旺的官殺，而時柱的辛酉會出現金剋木現象，土生金且金剋木，食傷剋官殺，可以說是因為自己的想法或是小聰明而造成問題，或是因為投資或不動產而引起的問題，也要注意健康方面的影響，總之這兩年是屬於變動不穩定的狀況，最好是維持低調穩定比較理想。

大運丙申，從五十二歲影響到六十一歲，丙申和前一個運丁酉都是屬火印，方向差不多，但是整個規模和格局卻更旺更大許多，對於較弱的戊土命盤的影響會更理想更有幫助，整體來說是屬於相當好的運勢，不只是貴人運，各方面都會有更好的提升，天干丙辛合水，對此命盤來說這樣的丙辛合其實屬於理想，地支出現申酉戌會金，且金不只是出天干還透地支，所以土生金的力量會相當大，且丙火夠力也會讓金活潑，自己的不動產或投資方面會有不錯的結果。

流年方面，五十二歲和五十三歲的戊申和己酉年，出現比劫流年，所以是火生土且土生金的現象，而且戊申和己酉因為地支是金的關係，所以會讓整個運勢土生金現象更明顯，地支再出現申酉戌會金現象，此人在投資或不動產方面，會有不錯的貴人出現，合夥的機會也會不錯，可以把握。虛歲五十六歲和五十七歲的壬子和癸丑年，出現相當旺的正偏財，但由於壬子和癸丑的水是過於濕冷的旺水，對於整個環境來說會被影響變冷變弱，丙火就顯得不穩定許多，感覺上既無法好好的剋金，也會被過旺的水剋火給澆熄，丙火就變成了不穩定的元素，在這裡要注意到因為財過旺而剋到印，反而過與不及讓整個狀況變糟，會因為工作財運而影響到自己的健康或是時間，也很可能變成不得不忙碌的狀況。

6．己日主

針對己天干的六個日主，在這裡先做一些基本特質描述，因為即使是一樣的天干屬性，也會因搭配到不同的地支而出現一些特質的差異，以下大方向的做介紹。己日主的人有一個明顯的特質，就是不管男女都會比較積極，屬於敢爭取的類型，相對的也比較上得了檯面，且善於表現自我優點。

各己日主的基本特質：

・**己卯**：春天二月的薄土，對己土來說二月份有些不夠熱，且支藏天干是乙木，地支剋天干的緣故，所以在個性上會比較給自我壓力，也比較固執神經質。

・**己巳**：夏天四月的薄土，相當的炎熱火炎土燥，加上己巳位在帝旺，所以相當有主見和堅持，個人的表現也會不錯，是屬於優秀的類型。

・**己未**：夏天六月的薄土，非常的高溫炎熱，屬於大方積極的類型，也比較愛表現自我，熱心大方，但也不會吃虧，不會輕易放棄自己的權利。

・**己酉**：秋天八月的薄土，此時的氣候屬於不穩定，地支的金旺也會讓土生金的現象明顯，己土相對的變弱且不穩定，很有自我想法但也比較多慮。

・**己亥**：冬天十月的薄土，因為支藏天干是壬和甲，己亥雖然是相當弱的己土，但也會表現得大方且愛面子，且也是容易過於自我的類型。

・**己丑**：冬天十二月的薄土，是最寒冷的時節，己土非常濕冷，所以也相對不怕過熱或缺水，個性上也會有種自在悠閒的特質，及有慵懶的部分。

相關項目的五行角色定義

因為男、女在論命上有些不同，所以需要將命盤裡相關的五行所代表的角色分別定義，這樣在論命上會更容易做判斷。

己日主命盤，不管是在本命、大運或是流年中出現的天干，所代表的角色：

男生：・水（壬、癸）：「工作、財運」或「妻子」或「父親」。

女生：

- 木（甲、乙）：「壓力」或「損傷」（健康）或「展現」或「小孩」。
- 火（丙、丁）：「機會、福氣」或「貴人」或「母親」。
- 土（戊、己）：「朋友」或「兄弟姊妹」或「人際」。
- 金（庚、辛）：「想法」或「不動產」。
- 水（壬、癸）：「工作、財運」或「父親」。
- 木（甲、乙）：「壓力」或「損傷」（健康）或「展現」或「丈夫」。
- 火（丙、丁）：「機會、福氣」或「貴人」或「母親」。
- 土（戊、己）：「朋友」或「兄弟姊妹」或「人際」。
- 金（庚、辛）：「想法」或「不動產」或「小孩」。

（1）重點及注意事項

◎基本上，「己」日主的特性和「戊」日很相似，比較喜歡逢到春夏大運，除非是很旺、很燥熱的本命格局，就比較不介意逢到秋冬運，否則春夏運會是比較理想的狀況。

◎「己」土雖然是比較薄的土，但卻也很能有發揮和展現，像「甲木」對「己」土來說，其實是超過負荷的現象，但「己」土卻也能克服壓力，育甲木。可是有一點要注意，如果本命和大運一直都沒有遇到「甲」木出現，當在流年直接逢遇到「甲」木，而又沒有其他土的幫忙，則對「己」土來說，可能一下子無法負荷，就會明顯出現狀況，而且是不理想的狀況。

◎若是「己」土要發揮「蓄水」功能，在年限中都沒有出現木，則需要旺盛的「己」土來蓄水，會比較適合，否則太弱或鬆軟的己土，不僅無法蓄水還容易被大水沖走。一般來說，「己」日主比較理想的狀況，應該是中間偏旺的格局，比較有所展現和能發揮功能，尤其是要蓄水的己土。

◎「己」日主其實也不喜歡有木出現，而又逢到金，或有金又遇到木，會直接影響到展現，不管是在本命、大運或流年都是，而且狀況都不是太理想。

己日主的基本喜忌歸納：

- 基本上，己土和戊土差不多四季都可以，但也不宜太燥熱，或太濕冷。
- 如果己日主八字搭配屬弱，則不宜逢遇水過旺，或是木過旺。
- 如果己日主八字搭配屬旺，則不宜逢遇水太弱，或是金太弱。
- 通常不喜歡庚辛出天干再加上木出天干，容易有金剋木的現象。
- 己日主的運勢主要還是不宜冬運，春夏運還是比較理想，尤其是育木功能的己土日主，即八字本命或大運有出現甲乙木的干支組合。
- 冬運的己土日主喜歡出現火來生土，用旺的比劫戊己來相助也是可以。
- 土的特質還有一點要注意，潤土才會生金，厚土就會埋金。
- 己土無法像戊土一樣的擋風，所以當金剋木現象出現，己土無法有幫助。

（2）範例說明

這是一個己未日主的女命，生於丁未月，大運是從丙午開始的逆運，九歲起運，每十年逢九就會換大運。八字本命整體來說，年柱壬戌水相當旺，月柱丁未的火也還算旺，日主己未也是屬相當旺的己土，時柱壬申的水是相當大的水，所以水和火土的旺度差不多，是屬於算調和的八字本命組合，不是太旺也不太弱，所以相當能展現己日主的特質和特性，個性強勢努力，雖然有親和力，但也很能主導身邊的一切，很積極爭取屬於自己的權益。大運丙午是從虛歲九歲到十八歲，因為年限的關係，影響的時間不同，所以此

時柱	日柱(日主)	月柱	年柱		
46歲之後	31至45歲	16至30歲	1至15歲	虛歲 年限	八字本命
壬申	己未	丁未	壬戌	四柱干支	

59歲至68歲	49歲至58歲	39歲至48歲	29歲至38歲	19歲至28歲	9歲至18歲	虛歲 年限	大運
辛丑	壬寅	癸卯	甲辰	乙巳	丙午	干支	

30	29	28	27	26	25	24	23	22	21	20	19	18	17	16	15	14	13	12	11	10	9	8	7	6	5	4	3	2	1 +60	虛歲	流年
辛卯	庚寅	己丑	戊子	丁亥	丙戌	乙酉	甲申	癸未	壬午	辛巳	庚辰	己卯	戊寅	丁丑	丙子	乙亥	甲戌	癸酉	壬申	辛未	庚午	己巳	戊辰	丁卯	丙寅	乙丑	甲子	癸亥	壬戌	干支	
60	59	58	57	56	55	54	53	52	51	50	49	48	47	46	45	44	43	42	41	40	39	38	37	36	35	34	33	32	31	虛歲	
辛酉	庚申	己未	戊午	丁巳	丙辰	乙卯	甲寅	癸丑	壬子	辛亥	庚戌	己酉	戊申	丁未	丙午	乙巳	甲辰	癸卯	壬寅	辛丑	庚子	己亥	戊戌	丁酉	丙申	乙未	甲午	癸巳	壬辰	干支	

大運要分成兩個部分來考量。

第一個部分的丙午運是從九歲到十五歲。要考量到年柱壬戌及大運丙午對日主己未的影響，正財和正印都非常旺，對日主己未來說水和火會互相影響和沖剋，是屬於水火濟濟的狀況。土剋水而水剋火，但又火生土的搭配組合，就個性來看是比較固執任性且又有點驕縱的類型，情緒的起伏也會比較明顯，不過整體來說也還不會太過度，是家人可以接受的範圍。

流年方面，虛歲十三歲和十四歲的甲戌和乙亥年，出現七殺和正官流年，對己日主來說會感覺到許多壓力。

尤其是在壬戌和丙午這樣水火都旺的環境裡，熱度夠也更有利於木生長，要注意到學業方面帶來的壓力，或是健康方面的狀況。

第二部分的丙午運，從十六歲到十八歲，因為年限的緣故，所以要把月柱丁未加進來討論。

因為丙午和丁未正偏印都出現，且都是非常旺的丙丁火，當然會讓日主己未變更旺許多，整個火炎土燥的環境，火土過旺也變得不調和，相對也會讓年柱的壬水變弱許多，水也就更不穩定，整體現象會是日主更有主見和想法，也容易一意孤行。

虛歲十七歲的流年是戊寅，出現劫財流年，雖然不是太旺的戊土，不過戊土的特質在這裡還是相當能發揮，不管是育木還是剋水，且加上大環境的火炎土燥，戊寅的偏弱就更顯重要，對日主己未來說是屬於不錯的貴人運，反而劫財的現象就不是那麼明顯，會是貴人不是小人。

而虛歲十八歲的己卯年，雖然也是土出天干，但因為己卯的格局和特質和戊土不同，所以對這樣的環境的影響狀況也不一樣，己卯對日主己未來說會出現地支半合木現象，暗藏壓力在地支，會有比較檯面上的壓力出現，所以就不會再是貴人反而是小人，要注意人際引起的問題。

十九歲到二十八歲是乙巳運，對己日主來說是屬於七殺，且比重上是相當旺的七殺，明顯開始感覺到壓力，而因為是出現在大運，會是十年或是二十年，一般來說都會是工作財運的類型現象。

官殺大運的二十年，會是屬於有壓力且能負擔責任的類型，也比較是固定穩定的類型，尤其是土日主的命盤，相對的在個人表現和展現上都會有不錯的結果。

而在感情婚姻方面，女命比較容易受到官殺的影響，也相對比較會有壓力，甚至會有不穩定現象。

虛歲二十一歲和二十二歲是壬午和癸未年，對己日主來說是正偏財出天干，壬午和癸未是相當弱的水，加上大運的乙巳木火旺，所以明顯會讓水更弱，這時候水就變成了忌神變成不理想的來源，則要注意工作財運方面的變動，要小心注意劫財或損失，甚至是家運的變動現象。

虛歲二十三歲甲申年，是屬於相當旺的甲木正官，對己日主來說是很實質的木剋土現象，加上大運乙巳也是相當旺的七殺，所以旺的官殺都出現，對己日主來說並不是好現象，工作財運勢必要變動，甚至是健康方面都要注意，女命的感情婚姻方面也會受到明顯影響，而這樣的流年搭配其實結婚的可能性也很高，就要看自己的決定。總之這是變動的流年現象，各方面都要多注意。

但如果此年並沒有明顯變動，則要小心隔年的乙酉年，有時候流年運勢現象會延後半年到一年左右，因為流年屬性會是兩年才變換一次，甲乙年都是屬木，乙年很可能會延續甲年的現象。

二十七歲的戊子年，對日主己未來說是屬於劫財桃花，由於戊子的特質會讓己日主有幫助，加上大運乙巳的旺七殺，戊子也可以分擔，這樣的現象對女命來說其實會是不錯的桃花年，但是如果已婚或已經有對象，則要注意出現影響感情婚姻的人出現。

大運甲辰從二十九歲到三十八歲，對日主己未來說是屬於還相當有展現的正官，甲辰基本上是條件相當好的甲木，尤其是在工作事業財運方面，但是因為甲辰比上一個大運乙巳格局大許多，所以對己日主來說會感覺到更大壓力，但也會有更多的發揮和累積。

要討論甲辰運也要分成兩個部分來看，因為年限的關係，第一部分是從二十九歲到三十歲，第二部分則是從三十一歲到三十八歲。第一部分的甲辰運，虛歲二十九歲和三十歲，流年庚寅和辛卯年，出現土生金且金剋木現象，由於庚寅和辛卯的金相當弱，也不太有力量去剋木，所以食傷庚辛就變成不穩定的原因，要注意因為自己自作聰明反而更忙碌的現象，健康方面也要注意。

第二部分的甲辰運，從三十一歲到三十八歲，因為年限的關係要加入日主地支未的影響力，整體來說八字本命火土更旺些，加上是甲辰大運的影響，己未日屬會更忙碌更不得間。

流年方面，三十一歲和三十二歲的壬辰和癸巳年，出現正偏財流年，壬辰屬剛剛好的大水，但是在逢到這樣燥熱的命盤之後，水就顯得變弱甚至缺水，尤其是癸巳年本身就已經屬於缺水的干支搭配，再逢到這樣的火炎土燥環境，會就變成弊病，弱水既無法生木且又被土剋，代表工作財運的變動現象，且很可能出現財務方面的問題或損失，有一種被錢追著跑的壓力，但表面上卻又看不出來，因為甲辰依然是好看的外貌，是來自檯面下或心裡的壓力。

三十三歲和三十四歲是甲午和乙未年，和大運一樣又逢到官殺年，且是非常旺的甲乙木，這對本來就屬於薄土的己土來說會有點難負荷，尤其是甲午年的甲木既熱且旺，和大運的甲辰會有一種呼應的效果，感覺上會是三個大木出現的壓力，所以會非常明顯出現變動，不外乎是工作財運或是感情婚姻，甚至是出現健康或是官司問題，這樣的搭配一般來說都比較是工作事業上的大轉變，不管轉型或是轉行都可以，總之是相當大的變化，可好可壞，就要看個人的選擇和決定，有的人會是大好，當然有的人會出現大問題，就要看之前種的因而定。

三十八歲的己亥年，是屬於較弱的己土比肩，加上地支出現了亥卯未合木，地支剋天干的現象，又呼應到大運的甲木出天干，所以要注意不預期的壓力，或是出現較意外的狀況。

大運癸卯，從虛歲三十九歲到四十八歲，由於年限的影響時間不同，所以此大運要分成兩個部分，第一部分是從三十九歲到四十五歲，第二部分則是要加入時柱來做考量，從四十六歲到四十八歲。

癸卯運的第一部分，天干出現癸水偏財，且是相當弱的水，對土日主來說這樣的財出天干運勢，其實相當的不穩定，尤其是在工作財運方面的變動機會就更多。

虛歲三十九歲和四十歲是庚子和辛丑年，出現相當濕冷旺盛的冬金，會是土生金且金生水現象，食傷生財的運勢，也就是用自己的聰明才智來生財，這對土日主來說是相當好的生財方式。

因為這個大運的搭配，日主己未主要功能是蓄水，所以單純許多，也不用顧慮金剋木的問題，所以也相對更能發揮自己能力去生財，可以好好把握。

四十三歲和四十四歲是甲辰和乙巳年，出現了官殺出天干，且是相當旺的甲乙木，對日主己未來說流年單一的甲乙官殺，是可以承受的程度，且因為己未夠旺，所以應該會是好的壓力和影響，但女命要注意感情婚姻可能的變動，尤其是因為錢財所引起。

大運癸卯的第二部分，從四十六歲到四十八歲，要加入時柱壬申一起來考量，因為壬申是日主己未的正財且水相當旺，所以整體來說會讓大環境降溫且濕，加上大運癸卯也是水，正偏財都出現，其實對工作財運來說並不是好現象，尤其日主己土是薄土，在蓄水方面的力量本來就比較小格局，源源不絕的大水，其實蓄水的功能就變得不理想，也怕會有被水淹沒的現象。

四十七歲的戊申年，出現相當旺盛的戊土，可以說是很好的流年組合，可以幫助己土蓄水，雖然會有戊癸合火的現象，但大方向是好現象是屬於貴人運，也就是可以花一點錢財給別人，但別人可以幫忙做更多的事。

大運壬寅是從四十九歲到五十八歲，壬寅和前一個癸卯差不多，但是規模和格局更大許多，對此命盤來說其實還是財出天干的運勢現象，不過因為時柱是壬申也是大水，壬寅加上壬申，水就顯得過多了，單就己巳要蓄這樣的大水，會有一種能力不夠的現象，一個不小心就會是土被水淹變爛泥，無法駕馭反而變壓力，工作財運變成壓力的來源，所以要相當的保守小心。

流年庚戌和辛亥是四十九歲和五十歲，出現很旺的食傷，對此命盤來說會是過旺的金生水現象，對於已經是很水旺的時柱壬申加大運壬寅來說，只會更不能調和及更偏，整個無法平衡的水多，而且是來自金生水現象，食傷變成了問題來源，土生金而金生水，所以貪心會帶來很大的壓力，不動產方面及健康方面都要多注意，尤其是心血管方面的疾病。

壬子和癸丑年是五十一歲和五十二歲，這是更旺更濕冷的大水流年，不管是時柱或大運或流年都是大水，整體來說只能用滾滾洪流來形容，己土被沖垮變成爛泥，完全沒有任何反抗的機會，只能隨著大水沖刷，什麼都做不了，這樣的感覺很無力，完全沒有自我，現實上也是被工作事業及財運給強迫，錢財變成了自己的主人，有很多不得不的狀況會出現，尤其是心理上的壓力。

所以建議忌貪心，也要注意健康問題，不過很適合到遠方發展，甚至是移民都很適合。

戊午和己未年是五十七歲和五十八歲，對此命盤來說，由於水過多，所以逢到這樣旺盛的土流年，是理想且有幫助的搭配，人際會變成貴人，可以合作生財且分擔壓力。

大運辛丑是從五十九歲到六十八歲，天干出現食神辛金，且是相當濕冷的冬金氣流。

由於時柱是壬申大水活水，所以會有金生水的現象，且是過多的金生水，如果己未日主要利用土生金而金生水，要用食傷來生財，還是要注意整個格局的規模，否則只是能看不能用，也會變成沒有可行性的想法一堆，但真的做不了對的事，尤其是當流年再出現金水或是火弱，則要更注意更低調，還有要注意這樣的大運過冷，健康方面也要多注意多保養。

7・庚日主

針對庚天干的六個日主，在這裡先做一些基本特質描述，因為即使是一樣的天干屬性，也會因搭配到不同的地支而出現一些特質的差異，以下大方向的做介紹。庚日主的人有一個明顯的特質，就是相當有執行力，尤其是屬於旺的庚金，個人看法也都很獨到，常有異於常人的想法和路徑。

各庚日主的基本特質：

・**庚寅**：春天一月的春風，基本上屬於溫和的特質，但也會顯得比較敏感細膩，待人和善，但也有點孩子氣。

・**庚辰**：春天三月的風、氣流，各方面的先天條件都很好，基本特質很不錯，但也易受運勢影響較大。

・**庚午**：夏天五月的微風，由於氣溫相當炎熱高溫，所以也顯得比較弱，感覺上比較沒有自我的付出，但又有很固執自我的部分。

・**庚申**：秋天七月的強風、大氣流，此時的氣候非常不穩定，所以個性容易起伏大，能力雖然好，但也容易惹出大麻煩。

・庚戌：秋天九月的強風、大氣流，即將進入冬天，氣候已經不炎熱，個性裡會有一種自在自我的特質，也不太按牌理出牌。

・**庚子**：冬天十一月的風、氣流，氣候越來越冷，個性屬於強勢犀利，很有自我的堅持和固執，也聰明頭腦好，很愛表達自己。

相關項目的五行角色定義

因為男、女在論命上有些不同，所以需要將命盤裡相關的五行所代表的角色分別定義，這樣在論命上會更容易做判斷。

庚日主命盤，不管是在本命、大運或是流年中出現的天干，所代表的角色：

男生：・木（甲、乙）：「工作、財運」或「妻子」或「父親」。

- 火（丙、丁）：「壓力」或「損傷」（健康）或「小孩」。
- 土（戊、己）：「機會、福氣」或「貴人」或「母親」。
- 金（庚、辛）：「朋友」或「兄弟姊妹」或「人際」。
- 水（壬、癸）：「想法」或「不動產」。

女生：

- 木（甲、乙）：「工作、財運」或「父親」。
- 火（丙、丁）：「壓力」或「損傷」（健康）或「丈夫」。
- 土（戊、己）：「機會、福氣」或「貴人」或「母親」。
- 金（庚、辛）：「朋友」或「兄弟姊妹」或「人際」。
- 水（壬、癸）：「想法」或「不動產」或「小孩」。

(1)重點及注意事項

◎「庚」日通常分成日主「旺」和「弱」兩大類，像「庚辰」、「庚申」、「庚戌」、「庚子」是屬於較旺的庚，而「庚寅」、「庚午」則是屬於較弱的庚。

一般來說，較旺盛的庚比較不適合直接遇到甲乙木在天干，因為威力強的大氣流會對木有過度的損傷，會是相當不佳的狀況，而如果又有高溫的環境使「庚」更有威力，那就是更不佳的狀況了；相對的，較弱的庚如果直接逢到木出天干的組合，雖然也不能算好，但會比較旺盛的庚好一些。

◎基本上，「庚」日的運勢狀況會像它的特質一樣，常會不穩定，尤其是越旺盛的「庚」會越明顯，變動也比較大，容易有大起落，所以「庚」的各方面，像工作、財運或感情也都容易起起伏伏的不穩定。

◎「庚」日的本命加上大運的整個大環境，不宜太燥熱，如果整個環境是高溫燥熱，且又有「丙」、「丁」在天干的組合，像「丙午」、「丁未」……等，那「庚」不但覺得壓力很大，還會有很大的反彈，會變得更有威力更犀利，而這樣的狀況是屬於不理想的狀況，尤其是較旺的「庚」會更明顯。「庚」金喜歡氣候合宜且平穩的大環境，不宜遇到過冷、過熱或冷熱沖擊變化很大的氣候，多多少少容易發生問題，而且會影響到各方面的不穩定。

◎通常金過旺的時候，又出現甲乙木，金剋木現象勢必發生，但如果可以逢到戊土，就可以讓戊土發揮擋金作用，減少金剋木的傷害，其次的選擇就是用水來洩金減弱金的旺度。千萬不可以用火來剋金，因為火剋金只會讓金更旺更活潑，反而讓殺傷力更強。

庚日主的基本喜忌歸納：

- 基本上，庚金喜歡穩定，所以適合春運，不宜太過燥熱，或是太過濕冷。
- 如果庚日八字搭配太弱，則不宜逢遇水過旺，或是木過旺。
- 如果庚日八字太旺，則不宜逢遇木太弱，比劫過旺也不是好事，喜歡有戊土。
- 庚金日主其實不喜逢遇木出天干，容易有金剋木的現象，。
- 庚日主的運勢若沒木出天干，是不錯的搭配，但要注意流年的甲乙年。

（2）範例說明

這是一個庚申日主的男命，生於戊寅月，大運是從己卯開始的順運，六歲起運，每十年逢到六就會換大運。八字本命的部分，主要是在分析基本的個人條件和個性現象，年柱庚申是非常旺的金比肩，月柱戊寅屬於偏弱的戊土偏印，日主庚申也是很旺的金氣流，時柱又逢戊寅也是偏弱的戊土，整個八字命盤只有土和金，且都是陽天干組合，整體來說是屬於土生金的類型且土弱金旺，代表此人會有很明顯庚日主的特性，能力好反應快，相當熱心有義氣，但也強勢愛主導，很有自信和主見，本命的貴人也相當好，是相當高

時柱	日柱（日主）	月柱	年柱	年限	八字本命
46歲之後	31至45歲	16至30歲	1至15歲	虛歲	
戊寅	庚申	戊寅	庚申	四柱干支	

56歲至65歲	46歲至55歲	36歲至45歲	26歲至35歲	16歲至25歲	6歲至15歲	虛歲年限	大運
甲申	癸未	壬午	辛巳	庚辰	己卯	干支	

30	29	28	27	26	25	24	23	22	21	20	19	18	17	16	虛歲	流年
己丑	戊子	丁亥	丙戌	乙酉	甲申	癸未	壬午	辛巳	庚辰	己卯	戊寅	丁丑	丙子	乙亥	干支	
60	59	58	57	56	55	54	53	52	51	50	49	48	47	46	虛歲	
己未	戊午	丁巳	丙辰	乙卯	甲寅	癸丑	壬子	辛亥	庚戌	己酉	戊申	丁未	丙午	乙巳	干支	

15	14	13	12	11	10	9	8	7	6	5	4	3	2	1 +60	虛歲	流年
甲戌	癸酉	壬申	辛未	庚午	己巳	戊辰	丁卯	丙寅	乙丑	甲子	癸亥	壬戌	辛酉	庚申	干支	
45	44	43	42	41	40	39	38	37	36	35	34	33	32	31	虛歲	
甲辰	癸卯	壬寅	辛丑	庚子	己亥	戊戌	丁酉	丙申	乙未	甲午	癸巳	壬辰	辛卯	庚寅	干支	

水準的八字組合。

大運方面，己卯運從六歲影響到十五歲，要考量到年柱庚申和己卯對日主庚申的影響，因為庚申是非常旺的金，而年柱也是庚申比肩，代表此人從小就會有不穩定的人際關係，且此人個性的變化起伏也會比較明顯，雖然己卯是屬於正印，但是己卯屬於較弱的薄土，不管是生金或是擋金的效果也不是太理想，其實是普通的運勢現象，代表家裡的長上雖然疼愛此人，不過也比較管不了此人，還有一個現象，即是父親的兄弟姊妹對於此人的家運比較沒幫助，都要靠自己比較多。

流年方面，五歲和六歲的甲子和乙丑年，因為是甲乙木出天干，在此命盤中就明顯會有金剋木現象，且是非常旺的比肩庚申，會是因為別人而引起的狀況，要注意到家運的變動現象，或是自己的健康狀況，都要小心注意。

十三歲和十四歲是壬申和癸酉年，出現相當旺的水食神和傷官，明顯會有金生水現象，但是因為金生水的規模過大，對己卯的弱薄土來說根本承受不了，完全無法土剋水，反而會被水沖垮淹沒，變成水剋土現象，己土正印就變成了弊病，看起來不錯的貴人或機會，其實會帶來壞處，加上自以為聰明反而壞事，過多的自以為是和一廂情願，會造成不受控制的現象，且癸酉對日主庚申來說是傷官桃花，但由於現象並不理想，所以並不是理想的桃花，也要注意會帶來的感情問題。

流年甲戌，是此命盤虛歲十五歲，甲木偏財出現天干，明顯出現金剋木現象，加上大運己卯對甲戌來說是不夠旺的薄土，天干甲己合土對甲木來說很不利，甲木既被剋又被合，是相當不理想的運勢現象，各方面都有可能出現變動，尤其是感情婚姻或是健康方面的狀況，要特別小心注意。

大運庚辰，從虛歲十六影響到二十五歲，由於月柱年限的關係此大運要加入月柱來討論，月柱的影響會從十六歲開始，所以會和換運的時間點一致。

月柱戊寅屬於偏弱的戊土，對日主庚申來說是偏印，而大運庚辰屬金是比肩，庚申和庚辰會出現地支合現象，申子辰合水，且拱一個庚子，金旺的現象會非常明顯，這時候戊寅多少可以發揮擋金擋水作用，所以戊寅在這時候變成喜神，雖然不是最理想的土搭配，但是還是有正面的影響力。

整體來說庚辰是屬於不錯的大運運勢，也代表人際方面的變動和影響會很大，不管是好或壞都會因為比肩人際，所以人際的選擇就更重要。

流年二十三歲和二十四歲的壬午和癸未年，屬於相當弱的水流年。

這樣的流年組合很容易造成更嚴重的缺水現象，對很多八字命盤來說其實都不是太理想的干支組合。

但是在這個命盤裡，因為庚金相當旺，也沒有其他的水出天干，所以很單純就是金生水現象，且也生水生的相當順暢沒阻礙，也不會有氾濫的疑慮，這是相當理想的搭配，是相當好的流年現象，食傷可以表現出優點和特質，是屬於思想或研究刑的專業類型，所以說不管是想法或是計畫都可以執行，不動產運也會很不錯。

大運辛巳，從二十六歲影響到三十五歲。

由於年限的關係，日主地支的影響年限是三十一歲開始，所以此大運要分成兩部分來分析，第一部分是二十六歲到三十歲，而第二部分是從三十一歲到三十六歲。

辛巳其實和前一個大運庚辰差不多，但因為辛和庚的規模和格局不同，所以影響的力道和效果也會不同，對日主庚申來說辛巳是劫財，且是相當弱的劫財辛金，整體來說也是普通的大運運勢，但是要注意到地支出現巳申刑，所以會變成不穩定的現象，很多狀況都會是因為人際而影響，各方面都容易因為人際而產生不穩定的狀況。第一部分的辛巳運，對日主庚寅來說辛巳是相當弱的劫財，且地支進入夏季，對金的影響會有更多的燥熱，金就會越來越不穩定，大概現象會是因為人際引起的各方面不穩定，且會比上一個大運更不穩定許多。

流年方面，虛歲二十六歲是乙酉年，出現乙木正財，由於乙酉是庚申日主的正財桃花，加上大運是劫財辛巳，且月柱戊寅的擋金功能，會讓金剋木現象完全出現，對男命來說是很理想的結婚年，可以把握。

但此年如果沒有選擇結婚，那就要注意工作財運的變動，變換工作也是不錯的選擇。

第二部分的辛巳運，要看三十一歲到三十五歲，日柱地支申一起來判斷，因為寅巳申三刑，所以要注意到因為劫財所產生的刑剋現象，通常比較會是檯面下的狀況，尤其是在工作財運或是感情婚姻方面的不穩定。

流年方面，虛歲三十四歲癸巳年，出現相當弱的傷官水，雖然會有金生水現象，但是地支巳申刑，且是二巳一申，會刑到弱的癸水，要注意不動產或是健康方面的狀況，或是腦神經方面的問題。甲午年是虛歲三十五歲，不算旺的偏財出天干，除了會有金剋木現象，大運的辛巳也會有劫財現象，地支的巳申刑也刑到甲木，所以甲木就變成不穩定的來源，要注意因為人際而產生的工作財運或是感情婚姻的變動，怕會有錢財方面的損失，甚至出現官司問題。

大運壬午，從三十六歲影響到四十五歲。

壬午是相當弱的水食神，對日主庚申旺金來說會出現金生水現象，且會因為地支午是相當燥熱的地支環境，所以也會出現地支剋天干的現象，火煉金則金活潑，金生水的現象就會比較不穩定些，也代表不動產方面容易出現變動，但如果在工作事業方面倒是相當好的運勢，可以食傷生財，相當能發揮自己的專業和能力，不過在健康方面也會相對因為忙碌而不穩定。

流年方面，虛歲三十七歲丙申年，出現偏旺的丙火，對日主庚申來說是相當旺的七殺，會感覺到相當旺的壓力，也會讓大運壬午的水變弱不穩定。

整體來說日主庚申會有種難伸手腳也難發揮的感覺，阻礙特別多的感受，也要注意健康方面的影響。

虛歲三十九歲的戊戌年，戊土偏印出天干，除了會擋金還會和大運的地支午半合火，其實會和丙申年差不多。

除了有阻礙壓力之外，還會感覺到一種無形的壓力，也許檯面上看不到，但檯面下自己的感覺會很明顯。虛歲四十一歲和四十二歲的庚子和辛丑年，出現旺且濕冷的冬金，屬於比肩劫財，對日主庚申來說，會有金生水現象，而且比劫都幫忙生出更多水，其實對於大運壬午的水弱，這樣的搭配相當不錯，代表人際會帶來相當好的幫助，屬於人際的貴人，有機會合作生財，是不錯的合夥機會。

大運癸未，從虛歲四十六歲影響到五十五歲，加上時柱的影響年限是從四十六歲開始，所以要加入時柱戊寅來討論。

戊寅對日主庚申來說是偏弱的偏印，而因為月柱和時柱都是戊寅，對日主庚申來說有一種左右夾擊的現象。

雖然戊土擋金可以防止金剋木現象，但是相對厚土也會埋金，尤其是大運地支非常燥熱，會增加戊土的旺度，埋金的機會就更大，整體來說左右戊土是保險安全的，但相對的發展性就不大，有種侷限的感覺，所以適合守成並不適合躁進。

大運癸未會和前一個大運壬午差不多，都是屬於水弱的組合，且比壬午更弱且格局更小，這時候要注意到時柱天干戊會和大運天干癸合火，癸水顯得更弱更無力，即使日主庚中金要生水都會比較費力許多，癸水變成了忌神，要注意不動產及健康方面的不穩定。

流年方面，虛歲四十七歲和四十八歲，是丙午和丁未年，出現了過旺的官殺，對日主庚申來說是相當旺的壓力，也同時讓癸未的水更弱，這是屬於不理想的流年現象，各方面都要注意不穩定，尤其是對健康的影響。

流年戊申是在虛歲四十九歲，又出現一個相當旺的戊土偏印，因為旺的戊土重重，不管是對日主的庚申或是大運的癸未，都是不太理想的影響，不僅會厚土埋金也會戊癸爭合，水更弱，金也更無力，加上地支寅申刑，要注意各方面的影響。

大運甲申，對日主庚申來說是屬於偏財甲木，會影響五十六歲到六十五歲，雖然會有金剋木現象，但是因為時柱的戊土可以發揮擋金作用，所以會讓金剋木現象減弱許多，戊寅會變成此時的喜神，也會是不錯的貴人。

所以有時候，喜神不一定永遠都會是喜神，當大運變換的時候，喜神可能變成忌神，而忌神也很可能就變成和貴人一樣的喜神。流年丙辰和丁巳，是在五十七歲和五十八歲，即使火旺的丙丁流年，會有火剋金而金剋木現象，但會因為時柱的戊寅的功能，讓活潑的氣流不至於金剋木太重，是屬於凶中帶吉的現象，但也要注意工作財運或是健康方面的不穩定。

虛歲六十歲的己未年，是屬於非常旺的己土，對日主庚申來說是正印，因為正偏印都出天干，所以會有看起來不錯的機會出現，但因為大運的甲申是相當旺的甲木，除了甲己合土之外，也會出現己土擋不了金剋木的現象，所以金剋木就會比較明顯，要注意投資方面或是健康方面的不穩定。

8．辛日主

針對辛天干的六個日主，在這裡先做一些基本特質描述，因為即使是一樣的天干屬性，也會因搭配到不同的地支而出現一些特質的差異，以下大方向的做介紹。辛日主的人有一個明顯的特質，在別人的眼中看起來相當有氣質，是屬於細緻優雅的類型，也有一種渾然天成的秀氣，不過比較旺的辛日主其實個性會比較犀利，常常會有一針見血的見解。

各辛日主的基本特質：

・**辛卯**：春天二月的春風，屬於溫和敏感細膩，有自己的要求和神經質，有一種天生的優越感，也有公主、王子的高貴氣質。

・**辛巳**：夏天四月的微風、小氣流，善良卻有威嚴，相當有敏感度和自我要求，情緒起伏不穩定，很容易受外在刺激影響。

・**辛未**：夏天六月的微風，非常弱的辛金氣流，有隨和的好個性，是屬於溫暖的類型，但是常常也對很多小事在意，影響心情。

・**辛酉**：秋天八月的旺盛氣流，能力相當好，但內心也容易自我矛盾，常常也會顯得比較自我自信，一個不小心就得理不饒人。

・**辛亥**：冬天十月的冷風，能力相當好，很有毅力和執著，是屬於有執行力的類型，個性容易愛面子，即使吃虧也沒關係。

・**辛丑**：冬天十二月的寒冷氣流，典型的冬金，固執己見，很有自我的想法和意志力，不輕易為別人調整自己，但對人很有義氣，是吃軟不吃硬的類型。

相關項目的五行角色定義

因為男、女在論命上有些不同，所以需要將命盤裡相關的五行所代表的角色分別做定義，這樣在論命上會更容易做判斷。

辛日主命盤，不管是在本命、大運或是流年中出現的天干，所代表的角色：

男生：・木（甲、乙）：「工作、財運」或「妻子」或「父親」。

- 火（丙、丁）：「壓力」或「損傷」（健康）或「小孩」。
- 土（戊、己）：「機會、福氣」或「貴人」或「母親」。
- 金（辛、辛）：「朋友」或「兄弟姊妹」或「人際」。
- 水（壬、癸）：「想法」或「不動產」。

女生：

- 木（甲、乙）：「工作、財運」或「父親」。
- 火（丙、丁）：「壓力」或「損傷」（健康）或「丈夫」。
- 土（戊、己）：「機會、福氣」或「貴人」或「母親」。
- 金（辛、辛）：「朋友」或「兄弟姊妹」或「人際」。
- 水（壬、癸）：「想法」或「不動產」或「小孩」。

（1）重點及注意事項

◎「辛」日通常分成日主「旺」和「弱」兩大類。

像「辛酉」，「辛亥」，「辛丑」是屬於較旺的辛，而「辛卯」，「辛巳」，「辛未」則是屬於較弱的辛。一般來說，較旺盛的辛比較不適合直接遇到甲乙木在天干，因為較強的氣流會對木有過度的損傷，會是相當不理想的狀況；相對的，較弱的辛如果直接逢到甲乙木出天干的組合，雖然也不能算好，但會比較旺盛的辛好一些，不過對弱的辛金來說也會感覺壓力比較大。

◎基本上，「辛」日的運勢狀況會像它的特質一樣，常不穩定。

尤其是越旺盛的「辛」會越明顯，變動也比較大，而弱的辛金不喜歡冷熱起伏太大的環境，辛喜歡穩定，像是春天的氣候，辛不喜歡被剋或是剋別人，但要維持一直穩定並不容易，所以「辛」的各方面，像工作、財運或感情也都容易起起伏伏的不穩定。

◎「辛」日的本命加上大運的整個大環境，不宜太燥熱。

如果整個環境是高溫燥熱，且又有「丙」、「丁」在天干的組合，像「丙午」、「丁未」……等，那「辛」不但覺得壓力很大，還會有很大的反彈，所以是屬於不理想的狀況，尤其是較旺的「辛」會更明顯。

「辛」金喜歡氣候合宜且平穩的大環境，不宜遇到過冷、過熱或冷熱沖擊變化很大的氣候，多多少少容易發生問題，而且會影響到各方面的不穩定。

◎通常金過旺的時候，又出現甲乙木，金剋木現象勢必發生，但如果可以逢到戊土，就可以讓戊土發揮擋金作用，減少金剋木的傷害。

其次的選擇就是用水來洩金減弱金的旺度。千萬不可以用火來剋金，因為火剋金只會讓金更旺更活潑，反而讓殺傷力更強。而辛金因為格局比較小，所以當壓力大，神經質的現象就會比較明顯。

◎辛日主通常不喜歡逢到過旺的水，因為過多的水會讓金洩，且有種無法負擔的無力感，對於各方面的掌握度就會變低，感覺上只能被壓力主導。

辛日主的基本喜忌歸納：

・基本上，辛金喜歡穩定，所以適合春運，不宜太過燥熱，或是太過濕冷。

- 如果辛日八字搭配太弱，則不宜逢遇水過旺，或是木過旺。
- 如果辛日八字太旺，則不宜逢遇木太弱，比劫過旺也不是好事，喜歡有戊土。
- 辛金日主其實不喜逢遇甲乙木出天干，會有金剋木的現象。
- 辛日主的運勢若沒甲乙木出天干，是不錯的搭配，但要注意流年的甲乙年。
- 冬金雖旺，不怕夏運的火剋金現象，但如果一下子過多的火，辛金的變化起伏就會非常大，這樣並不是調和的現象。順運會比較適合辛金。

（2）範例說明

這是一個辛巳日主的女命，生於甲寅月，大運是從乙卯開始的順運，四歲起運，每十年逢四就會換大運。

八字本命主要是在判斷此人的基本條件，以及個性和個人特質方面，調不調和也是從八字本命來判斷。

此命盤日主辛巳屬於相當弱的辛金，流年癸亥食神屬於相當旺的冬水，月柱甲寅是相當旺的甲木正財，而時柱丙申是偏旺的正官丙火，就天干來看癸和甲都會讓金變弱，丙火雖然剋金會讓金旺，但是丙辛合，其實多少也會減弱辛金，最重要的是地支出現寅

時柱	日柱（日主）	月柱	年柱		
46歲之後	31至45歲	16至30歲	1至15歲	年限 虛歲	八字本命
丙申	辛巳	甲寅	癸亥	四柱干支	

54歲至63歲	44歲至53歲	34歲至43歲	24歲至33歲	14歲至23歲	4 歲至13歲	年限 虛歲	大運
庚申	己未	戊午	丁巳	丙辰	乙卯	干支	

30	29	28	27	26	25	24	23	22	21	20	19	18	17	16	15	14	13	12	11	10	9	8	7	6	5	4	3	2	1 +60	虛歲	流年
壬辰	辛卯	庚寅	己丑	戊子	丁亥	丙戌	乙酉	甲申	癸未	壬午	辛巳	庚辰	己卯	戊寅	丁丑	丙子	乙亥	甲戌	癸酉	壬申	辛未	庚午	己巳	戊辰	丁卯	丙寅	乙丑	甲子	癸亥	干支	
60	59	58	57	56	55	54	53	52	51	50	49	48	47	46	45	44	43	42	41	40	39	38	37	36	35	34	33	32	31	虛歲	
壬戌	辛酉	庚申	己未	戊午	丁巳	丙辰	乙卯	甲寅	癸丑	壬子	辛亥	庚戌	己酉	戊申	丁未	丙午	乙巳	甲辰	癸卯	壬寅	辛丑	庚子	己亥	戊戌	丁酉	丙申	乙未	甲午	癸巳	干支	

巳申亥，春、夏、秋、冬都出現，雖然可以調和整個大環境的溫度，但是另一個作用卻是三刑，地支的刑剋才會真正影響較大。

從八字本命來看，此命盤屬於不穩定的辛金類型，也比較偏弱些，所以基本上就要注意大運或是流年引起的狀況。

運勢方面，大運起運乙卯，從虛歲四歲影響到十三歲，對日主辛巳來說乙卯是偏財，偏旺的乙木對日主辛巳來說，金剋木現象會讓辛金變弱些，加上年柱癸亥是相當旺的水食神，也會有金生水現象，本來就弱的辛巳就更弱許多，所以乙卯這樣的大運對此命盤，財不穩定代表家運的狀況，看起來還算不錯，但實際上會比看起來更費力更辛苦些。

十四歲起的丙辰運，從虛歲十四歲到二十三歲，對日主辛巳來說是屬於正官，對日主辛巳來說會感覺明顯壓力。

而因為年限的關係，所以要分成兩部分來考量，也就是十六歲之前和之後，因為要考量到月柱年限是十六歲開始。丙辰運的第一部分，從虛歲十四歲到十五歲，要考量到年柱癸亥和大運丙辰對於日主辛巳的影響狀況，當旺的水癸亥遇到不算旺的丙火，明顯出現水剋火現象，丙火變得不穩定，辛金也會被影響得不穩定，要注意各方面可能帶來的壓力。

流年方面，十四歲和十五歲是丙子和丁丑年，屬於相當弱的官殺。但因為大運丙辰也是正官，對日主弱金辛巳來說，是不理想的流年運勢，所以要注意到火剋金現象及不穩定現象，學業和健康方面都要注意，女命在感情方面也很可能出現狀況。丙辰運的第二部分，是從十六歲到二十三歲，要加入月柱甲寅來做考量。

所以要考量的部分為年柱癸亥、月柱甲寅和大運丙辰，對日主辛巳的影響。整體來說是木生火且火剋金的現象，甲寅的力道在這時候會顯得相當大，且因為癸亥和丙辰的水火搭配會讓甲寅變更旺，所以弱的辛巳金剋木也會更費力，顯示出身弱財旺的現象。代表此命盤在十六歲之後會越來越有自我主見和要求，或是比較早就開始有工作的跡象，也可能出現家運有經濟壓力現象，多少都會影響到學業方面。

虛歲二十歲和二十一歲，是壬午和癸未年，因為命盤本身就已經屬於缺水，而此流年出現之後缺水的狀況更嚴重，且辛巳弱金要金生水也比較困難，所以水弱則變成了忌神，是不理想的來源，壬癸是食神傷官，要注意健康方面的不穩定，且是因為忙碌所引起，凡事不宜反應過度或自作聰明。

虛歲二十二歲和二十三歲是甲申和乙酉年，出現甲乙木正偏財出天干，因為是屬於較旺的木流年，所以對日主辛巳來說要金剋木就會更費力，且大運丙辰的火更旺又剋金，辛金的壓力變更大，要注意工作財運的變動，甚至是健康方面的不穩定，其實很適合工作變動，但也要注意忙碌所帶來的問題。

二十四歲到三十三歲是丁巳運，屬於相當旺的火七殺，和上一個運丙辰差不多，不過丁巳比丙辰火旺許多，對辛日主來說會感覺壓力更多些。

而由於年限的關係，這個大運要分成兩個部分，第一部分是二十四歲到三十歲，第二部分則是三十一歲到三十三歲。丁巳運的第一部分，要考量的是癸亥、甲寅和丁巳對日主辛巳的影響，這個部分比較明顯是在木生火且火剋金，辛金既要剋甲木又要被火剋，而且辛巳本身已經是相當弱的金氣流，因為木旺火也旺，辛金會更活潑更不穩定許多，基本上夏運會讓金的官殺火旺，但相對也會比較有展現和表現，加上月柱出現甲寅，也代表從十六到三十歲，很有機會能成就不錯的成績或財富，個人表現也會相當好，但在健康方面就會弱許多。

流年方面，二十四歲和二十五歲是丙戌和丁亥年，出現偏弱的正官七殺丙丁火，對日主辛巳來說，因為大運是丁巳也是七殺火剋金，也由於日主辛巳是弱的金，所以要注意工作財運方面的變動，女命也要注意感情婚姻的變動狀況，其實是相當理想的結婚年，可以把握，或許也會出現不錯的對象。

二十八歲和二十九歲是庚寅和辛卯年，出現偏弱的庚辛金比劫，金雖多但都偏弱，加上大運的火旺，金變弱也變活潑，金剋木現象就會明顯，要注意人際帶來的不穩定狀況，尤其是工作財運方面。第二部分的丁巳運，因為年限影響，日主地支的影響力就比較大，影響從三十一歲到四十五歲，月柱甲寅的影響就相對比較小。

流年方面，虛歲三十二歲和三十三歲的甲午和乙未年，屬於相當旺的正偏財出天干，由於此命盤本身搭配加上大運已經是火土過旺的搭配，像這樣的流年只會讓命盤更燥熱也更不調和，當大運出現這樣過旺的木，其實對日主辛巳來說會感覺壓力相當大，投資方面要注意不穩定，健康方面也多少會受到影響，加上甲午是日主辛巳的正財桃花，如果已婚的話則要注意人際引起的婚姻不穩定。

大運戊午，是從虛歲三十四歲到四十三歲，現象是非常旺的戊土正印，這樣的厚土火炎土燥，看起來是土生金現象，但實際上卻不是這樣，厚土埋金太過燥熱的環境並無法土生金，反而會讓弱金處處受限制，且地支巳午半會火，出現了地支剋天干現象，所以戊午大運只是好看的印，檯面上看起來不錯，但實際上卻有打折，反而只是壓力和忙碌，且發展性也不是太大，不會有大好也不會有大不好，是比較屬於安全保險的現象。

流年方面，三十八歲和三十九歲是庚子和辛丑年，出現了相當旺的金比劫，對日主辛巳來說是相當大的影響，會因為其他的金旺而帶動自己金旺，但大運戊午的厚土特質可以擋金，所以不管金再旺也不至於出大狀況，整體來說是屬於不錯的現象，是不錯的貴人運勢。

四十二歲和四十三歲的甲辰和乙巳年，出現條件相當好的甲乙木正偏財，金剋木現象也就會很明顯，通常這樣的金剋木現象會是很不穩定的狀況，也很可能會被劫財，但是因為大運是戊午厚土，會讓金剋木現象不嚴重，對日主辛巳來說，雖然工作財運可能出現變動，但卻會是好的變動，看起來會有不錯的收穫和展現，可以把握。

大運己未，從虛歲四十四歲到五十三歲，己未是相當旺的薄土，對日主辛巳來說會和上一個大運戊午方向差不多，是屬於偏印出天干，而此大運要分成兩部分來看，第一部分是從四十四歲到四十五歲，第二部分是從四十六歲到五十三歲。

己未運的第一部分，主要考量己未對日主辛巳的影響，火炎土燥的己未，最主要會因為地支讓辛巳有被火剋現象，壓力雖大但整體來說卻不是最糟，要注意出現更忙碌煩躁的機會，也可能因為自己的貪心造成壓力。

流年部分，四十四歲和四十五歲是丙午和丁未年，是非常旺的丙丁火官殺，對日主辛巳來說明顯會有無法負荷的無力感，完全沒有機會抵擋火剋金現象，要注意各方面的不穩定現象，尤其是健康方面的影響，加上丙午流年對日主辛巳來說是正官桃花，且是非常絕對且勢必的現象，不管是工作或財運或健康都可能是變動的項目，尤其是女命，感情婚姻方面的變動會相當明顯。

己未運的第二部分，從四十六歲到五十三歲，因為年限的關係要加入時柱一起考量，天干出現丙辛合現象，但無法真正合水，辛卻被丙合走，且地支寅巳申三刑，有種自作聰明多做事卻反而壞事的狀況，太用力的結果卻出現更糟糕的結果，工作財運方面及健康方面都要多注意，且女命的感情婚姻也會常有不穩定現象。

流年辛亥年是虛歲四十九歲，相當濕冷旺盛的冬金比肩，這時候地支出現寅巳申亥，相當明顯的三刑，會刑到木和金，要注意人際所引起的各方面不穩定狀況。

五十二歲的甲寅年，出現偏旺的甲木正財，財弱身旺的現象，有一種毫無辦法的無力感，金剋木的現象卻變成不理想的現象，看起來明明簡單就可以入袋的財，卻演變成了損失，建議各方面都要多注意，即使是再好的機會都要小心，甚至是預料外的狀況所造成的損失。

大運庚申，是從五十四歲到六十三歲，屬於相當旺的劫財搭配，對日主辛巳來說影響相當大，庚申會讓辛巳變旺許多，就好像被超大的颱風吹起來一樣的感覺，弱的氣流也一起變成旺的氣流，所以整個現象會是被人際所主導，不管是好的影響或是壞的影響，有時候會是貴人但有時候就變成小人，是屬於一半一半的運勢，所以當流年出現不理想干支搭配就要多注意。

流年方面，五十四歲和五十五歲是丙辰和丁巳年，對日主辛巳來說是火相當旺的官殺，加上時柱丙身的正官，火剋金的現象相當明顯，但是大運的庚申金旺，卻可以幫助辛巳分擔火剋金的壓力，這時候人際就會是不錯的助力。

流年甲子和乙丑年是六十二歲和六十三歲，正偏財出天干，本來已經是不理想的現象，又加上大運庚申旺金也來剋木，木就更明顯不穩定，變成忌神，人際就變成了小人，會因此出現損失或是健康方面的問題。

9．壬日主

針對壬天干的六個日主，在這裡先做一些基本特質描述，因為即使是一樣的天干屬性，也會因搭配到不同的地支而出現一些特質的差異，以下大方向的做介紹。壬日主的人明顯特質，壬日主屬於聰明反應好的類型，尤其是中間偏弱的壬日主搭配，在與人相處方面也會讓人感覺貼心溫暖，大方細膩。

各壬日主的基本特質：

・**壬寅**：春天一月的大水，屬於中間偏旺的水，條件相當好，且是文昌日主，表示相當聰明有智慧，很有自己的想法和見解。

・**壬辰**：春天三月的大水，水量剛剛好，整體條件相當好，聰明反應快相當能展現能力，如果運勢搭配的好，會是上檯面且有成就的類型。

・壬午：夏天五月的大水，由於氣溫相當炎熱高溫，所以水就明顯變弱，是屬於相當弱的水，個性裡面有種積極不得閒的特質，屬於勞碌的類型。

・壬申：秋天七月的大水，此時的氣候非常不穩定，金生水現象很明顯，壬申是相當活潑的大水，且源源不絕，能力很好、個性相當大方愛面子。

・壬戌：秋天九月的大水，即將進入冬天，水量明顯變多，個性裡有種自我的特質，對自已也相當有自信，是屬於霸氣的類型。

・壬子：冬天十一月的大水，冬天的大水又冷又多，個性裡有種粗線條的感覺，對自己相當有把握，也喜歡掌控狀況，但有時候卻會矛盾猶豫。

相關項目的五行角色定義

因為男、女在論命上有些不同，所以需要將命盤裡相關的五行所代表的角色分別定義，這樣在論命上會更容易做判斷。

壬日主命盤，不管是在本命、大運或是流年中出現的天干，所代表的角色：

男生：● 火（丙、丁）：「工作、財運」或「妻子」或「父親」。

- 土（戊、己）：「壓力」或「損傷」（健康）或「小孩」。
- 金（庚、辛）：「機會、福氣」或「貴人」或「母親」。
- 水（壬、癸）：「朋友」或「兄弟姊妹」或「人際」。
- 木（甲、乙）：「想法」或「不動產」或「展現」。

女生：

- 火（丙、丁）：「工作、財運」或「父親」。
- 土（戊、己）：「壓力」或「損傷」（健康）或「丈夫」。
- 金（庚、辛）：「機會、福氣」或「貴人」或「母親」。
- 水（壬、癸）：「朋友」或「兄弟姊妹」或「人際」。
- 木（甲、乙）：「想法」或「不動產」或「展現」或「小孩」。

（1）重點及注意事項

◎一般來說，「壬」日比較喜歡逢到春夏大運，因為比較能發揮灌溉和滋潤大地的作用，若是逢秋冬運，則比較難發揮功能，除非是非常弱的本命格局，才比較不介意逢到秋冬運，否則春夏運會是比較理想的狀況。

◎「水」其實是很特別的元素，它不像火土會在夏天較旺盛，反而是越冷、越低溫越旺盛。

尤其在冬天，水不但旺盛也結凍。既然水要在春夏比較有作用，所以基本上，「壬」水就不適合太多、太冷，否則不但容易氾濫成災，也會無法控制，所以最好的狀況，也是中間或中間偏弱的格局，會比較理想，因為若太弱太缺乏，也會出現問題。

◎若是本命「壬」水是太旺、太冷的格局，就不適合再逢到丙丁火在天干的組合，尤其是火較弱的組合，像「丁丑」、「丙子」、「丁亥」……等，會因為水火直接沖擊且火變更弱也不穩定，這樣會是很不理想的狀況。

其實過旺、過冷的水最好的辦法，就是不讓它氾濫成災，像逢冬讓它結凍，或有「戊」

土旺組合來擋水。基本上，「壬」日主其實也不喜歡有木出現，而又逢到金，或有金又遇到木，會直接影響到展現，不管是在本命、大運或流年都是。

◎壬水通常不喜歡被戊己土剋，尤其是弱的己土，如果旺的壬水逢到弱的己土，就反過來變成水淹土，而不再是土剋水，滾滾洪流氾濫成災，會是不理想的運勢現象，容易漂流。

壬日主的基本喜忌歸納：

- 基本上，壬水適合春夏運，但不宜太過燥熱，或是太過濕冷，不平衡是不理想的現象。
- 如果壬日主八字搭配太弱，則不宜逢遇火土過旺，或是木過旺，否則本身無法負荷，也沒辦法做任何事，感覺只能被決定。
- 如果壬日主八字太旺，則不宜逢遇己土太弱，或是火太弱，甚至是木太弱，金過弱的組合也不喜歡。
- 壬水日主其實不喜逢遇火出天干，容易有火不穩定的現象。

• 冬運的壬水日主不喜逢到弱的甲乙木，水多木漂，會有明顯的不穩定現象，甚至是漂流。

• 中間到中間偏弱才是比較理想的搭配組合，太過弱的水也就是走火炎土燥的運勢，本身若無法平衡，即使是工作財運好，也會是被工作或財運追著跑的類型，忙碌是必然的，且很可能會忙到沒自我空間。

（2）範例說明

這是一個壬寅日主的男命，生於庚申月，大運是從辛酉開始的順運，八歲起運，每十年逢到八就會換大運。

八字本命的部分，主要代表此人的基本條件和個性，以及家運的現象，年柱戊辰屬於剛好的戊土，不過旺也不偏弱，月柱庚申是相當旺的庚金，時柱丙午是非常旺的丙火，而日主壬寅是偏旺的壬水，整體來說還算調和，大方向是土生金、金生水及水剋火的搭配，不過因為金和火都是非常旺的組合，所以要注意年限內可能對日主帶來的影響。

一般來說，水日主最理想的狀況是中間

時柱	日柱(日主)	月柱	年柱		八字本命
46歲之後	31至45歲	16至30歲	1至15歲	虛歲 年限	
丙午	壬寅	庚申	戊辰	四柱干支	

58歲至67歲	48歲至57歲	38歲至47歲	28歲至37歲	18歲至27歲	8歲至17歲	虛歲 年限	大運
丙寅	乙丑	甲子	癸亥	壬戌	辛酉	干支	

30	29	28	27	26	25	24	23	22	21	20	19	18	17	16	15	14	13	12	11	10	9	8	7	6	5	4	3	2	1 +60	虛歲	流年
丁酉	丙申	乙未	甲午	癸巳	壬辰	辛卯	庚寅	己丑	戊子	丁亥	丙戌	乙酉	甲申	癸未	壬午	辛巳	庚辰	己卯	戊寅	丁丑	丙子	乙亥	甲戌	癸酉	壬申	辛未	庚午	己巳	戊辰	干支	
60	59	58	57	56	55	54	53	52	51	50	49	48	47	46	45	44	43	42	41	40	39	38	37	36	35	34	33	32	31	虛歲	
丁卯	丙寅	乙丑	甲子	癸亥	壬戌	辛酉	庚申	己未	戊午	丁巳	丙辰	乙卯	甲寅	癸丑	壬子	辛亥	庚戌	己酉	戊申	丁未	丙午	乙巳	甲辰	癸卯	壬寅	辛丑	庚子	己亥	戊戌	干支	

偏弱，而此命盤看起來其實算是中間，並不算太弱，所以比較理想的運勢，會是春夏運，尤其是在十六歲到四十五歲的年限裡，但是此命盤卻在十八歲到五十七歲走秋冬運，會讓環境太冷且金水過旺，這就要注意到水旺會帶來的不穩定現象。

個性方面，此命盤屬於乖巧聰明、反應快的類型，但有時候會比較理所當然或是太大方，不過次命盤格局還算調和，是相當可以發揮壬日主優點的類型。

大運辛酉，從虛歲八歲影響到十七歲，此大運因為年限的關係要分成兩部分來分析，月柱的影響會從虛歲十六歲開始，所以第一部分的辛酉運是從八歲到十五歲，而第二部分是從十六到十七歲。

對日主壬寅來說辛酉是相當旺的正印，金生水的現象會很明顯，但是年柱戊辰厚土對日主壬寅來說會有土剋水現象，所以辛酉就扮演著重要的角色，即使戊辰給日主壬寅的壓力相當大，但是大運的辛酉卻會幫忙日主變旺，是不錯的正印，代表此人從小家裡管教屬於嚴格，但也不失疼愛，是可以平衡的狀況。第一部分的辛酉運整體來說還算理想。

第二部分的辛酉運，要加入月柱庚申來討論，對日主壬寅來說庚申是相當旺的偏印，金生水的現象會更明顯，因為年柱的影響力不再大，所以金水明顯變多，已不再是平衡的狀況，會是越來越偏旺的搭配。代表此人會比較不受限制，越來越有自我的想法和主見，也可能會因此影響到交友或學業方面。流年十七歲是甲申年，出現相當旺的甲木食神，對日主壬寅來說會有明顯的水生木現象，但因為月柱的庚申旺金會剋木，其實金剋木的現象會更明顯更嚴重，要注意到比較意外的狀況發生，會影響到健康方面，或是家運的變動現象。

大運壬戌，從十八歲影響到二十七歲，要考量年柱戊辰、月柱庚申和大運壬戌，對日主壬寅的影響，且因為年限關係庚申和壬戌的影響力會比較大，整體看來金水現象相當旺盛，金旺水也旺，大運壬戌對日主壬寅來說是比肩，所以人際對於此人會有相當的影響力，加上地支寅午戌合火，拱一個壬午，代表工作事業也會受到人際的影響很大，而這樣的現象也很有可能在這個大運裡出現不錯的投資或合夥機會。

不過建議要衡量自己的能力，忌貪心，否則怕會種一個劫財的因，當流年不理想時就會結損失的果。

流年方面，虛歲十九歲和二十歲是丙戌和丁亥年，出現相當弱的丙丁火正偏財，火被水剋，火會非常不穩定，加上大運的壬戌大水也剋火，所以劫財現象就更明顯，要注意因人際引起的變動，像是工作財運或是男命的感情婚姻，也要注意健康方面的不穩定。

大運癸亥，主要會從二十八歲影響到三十七歲，而因為日柱年限的關係，所以三十一歲之後就要加入地支寅來討論。

此大運要分成兩個部分來看，第一個部分是從二十八歲到三十歲，而第二部分則是從三十一歲到三十七歲。癸亥是日主的劫財，且是相當旺的水，現象會和上一個大運壬戌差不多，都是金水旺的現象，不過癸亥的特性和壬戌有些不同，地支的亥則和寅申有刑害的現象，人際的影響相當大，尤其是當流年不理想。

第一個部分的癸亥運，要注意地支的申亥害，因為流年丙申和丁酉年是在虛歲二十九和三十歲，正偏財出天干，水剋火劫財現象非常明顯，且地支的申亥害會傷害到火和金，要注意工作財運的不穩定。

第二部分的癸亥運，要加入日主地支寅來討論，此時地支寅申的相沖會讓金水的變化更大，人際方面的影響就比較會是不理想的偏多。流年部分，庚子年是虛歲三十三歲，庚子屬於相當旺盛的冬金，會和年柱戊辰和月柱庚申產生地支申子辰三合水，也會有明顯金生水現象，對日主壬寅來說是相當理想的偏印，會出現不錯的貴人，可以好好把握。虛歲三十七歲甲辰年，對日主壬寅來說是相當旺的食神，不過因為大運癸亥也會有水生木現象，且癸亥的水過於濕冷旺盛，會讓甲辰有點不穩定，所以要注意不動產方面的變動，及想法的執行性，但基本上是屬於不錯的流年運勢。

大運甲子，會從三十八歲影響到四十七歲，但因為時柱年限的關係，四十六歲開始會被時柱影響。

所以此大運要分成兩部分，第一部分從三十八歲到四十五歲，第二部分則是從四十六歲到四十七歲。甲子對日主壬寅來說是屬於相當弱的食神，但甲子逢到壬寅是屬於不錯的水，應該說壬寅會努力讓甲子的大樹長好，所以是屬於慢慢慢慢變好的運勢現象，但要注意健康方面的狀況，尤其是內分泌和免疫系統方面的狀況。

第一部分的甲子運，要注意不動產方面的不穩定現象，流年丙午和丁未年是在虛歲三十九歲和四十歲，出現非常旺的丙丁正偏財，加上大運甲子，會有水生木且木生火現象，很典型的食傷生財現象，也會因為丙午和丁未的旺火讓甲子有水火濟濟的環境，會讓甲木更理想的成長，所以相當可以用自己的能力、聰明才智和專業來生財，甚至可以用投資或是不動產來獲利，不過要注意忙碌所帶來的健康影響。

虛歲四十三歲和四十四歲的庚戌和辛亥年，是屬於相當旺的庚辛金正偏印，這樣的金生水會讓環境變冷，且水過旺，對大運甲子來說是不理想的搭配，明顯出現金剋木現象，木既被金剋又被水漂，所以要小心貪心帶來的後果，不建議擴大事業或是擴大投資，也要注意不切實際的想法和計畫，甚至會有官司問題，或影響健康。

第二部分的甲子運，會影響四十六歲和四十七歲，要加入時柱丙午一起來討論，因為丙午對命盤的影響很大，會提升大環境的溫度許多，對大運的甲子相當有幫助，這時候丙午是屬於喜神。

四十七歲的甲寅年，是偏旺的甲木食神，要注意不動產方面的變動，適合買賣或遷移，是屬於不錯的流年。

大運乙丑，屬於冬木且是非常弱的乙木，對日主壬寅來說是不理想的傷官，但是因為時柱丙午的火旺，會讓乙丑增溫許多，是好的方向來平衡現象，但是因為丙午對日主壬寅來說會讓水剋火現象明顯，水和火都會變得不穩定，雖然對乙丑來說是好事，但火不穩定也多少會造成財不穩現象，要注意會因為投資和不動產，甚至是合夥事業，造成工作財運的變動，尤其是當流年不理想。

流年方面，虛歲四十九歲和五十歲的丙辰和丁巳年，出現旺的丙丁火正偏財，和時柱丙午互相輝映，其實這樣的搭配，明顯會有財的變動，但不一定是好或不好，因為水旺火旺互相影響，水和火都不穩定，所以可以是獲利也可以是損失的流年，就要看個人的選擇或決定，總之是財變動的狀況。五十三歲五十四歲的庚申和辛酉年，非常旺的庚辛金正偏印，會因為丙午的火旺而金被火剋，金變更旺更活潑，則金剋木的現象就更明顯，大運的乙丑會非常不穩定，乙丑變成忌神，要注意不動產和健康方面的變動或不理想。

虛歲五十五歲和五十六歲的壬戌和癸亥年，水比肩相當多，會出現劫財現象，對於時柱丙午的水剋火，會是不理想的劫財，要注意因為人際而引起的財運方面不理想。

大運丙寅，會從虛歲五十八歲影響到六十七歲，丙寅是屬於偏弱的丙火偏財，加上時柱的丙午是相當旺的偏財，兩個偏財出天干，其實大方向並不是理想的現象，很容易會有工作財運的不穩定，不過要看個人的理財方式選擇而定，通常過多的財出天干，不管是正財或是偏財，都不是好現象。地支出現寅午半合火，地支的財才會是實質的財，雖然會忙碌奔波，但實質上的收穫也相對不錯。但天干出現兩個財，工作財運勢必容易變動，但如果個人的工作選擇是不穩定類型，則就比較是順運的做法，也就是如果選擇不是固定收入的工作類型，像是業務、自由業，或是自己創業……等，是屬於每個月不是有一定金額收入的類型，有時多有時少，也就是屬於財來財去的類型，就會是比較適合的選擇，這樣的選擇比較有機會是真正的財在口袋裡，否則如果是常常變動工作，或是出現工作不穩定現象，反而對財運來說不是太理想。男命也要注意感情婚姻的不穩定，甚至是會影響健康的狀況。

流年方面，虛歲五十九歲和六十歲是丙寅和丁卯年，又出現丙丁火，時柱、大運和流年都是火，重重的財出天干代表財不穩定，變動是必須的，且往往天干的財變動都不是太理想，要注意工作財運方面的變動，還有健康方面也會受影響，男命也要注意感情婚姻的不穩定。

10・癸日主

針對癸天干的六個日主，在這裡先做一些基本特質描述，因為即使是一樣的天干屬性，也會因搭配到不同的地支而出現一些特質的差異，以下大方向的做介紹。癸日主的特質，要分成兩類型來分析，偏旺的癸日主會比較強勢有主見，也相當善於處理做人際關係，而中間或偏弱的癸日主，屬於比較忙碌奔波的類型，聰明有想法，也固執己見。

各癸日主的基本特質：

- 癸卯：春天二月的小水，水量偏弱，加上卯的支藏天干是乙，屬於文昌日主，個性聰明反應快，學能力相當好，低調有禮貌。
- 癸巳：夏天四月的小水，水相當弱，比較容易忙碌有壓力，因為個性求好心切，也不服輸，常常都會辛苦自己，是熱心大方的類型。
- 癸未：夏天六月的小水，非常弱的小水，光是日主本身地支剋天干，個性裡就有相當高的自我要求，勞碌辛苦也刻苦耐勞，是屬於願意付出的類型。

• 癸酉：秋天八月源源不絕的水，屬於能力好的類型，有種渾然天成的理所當然，對人親切熱心，頭腦反應相當好。

• 癸亥：冬天十月的冷水，水相當的旺盛濕冷，是屬於好勝心強的類型，積極爭取自己的權利，也勇於嘗試。

• 癸丑：冬天十二月的濕冷水，是結冰且固定穩定的水，喜歡火旺來讓水活潑，個性屬於大方自在的類性，會讓人感覺熱心有活力。

相關項目的五行角色定義

因為男、女在論命上有些不同，所以需要將命盤裡相關的五行所代表的角色分別定義，這樣在論命上會更容易做判斷。

癸日主命盤，不管是在本命、大運或是流年中出現的天干，所代表的角色：

男生：• 火（丙、丁）：「工作、財運」或「妻子」或「父親」。

• 土（戊、己）：「壓力」或「損傷」（健康）或「小孩」。

● 金（庚、辛）：「機會、福氣」或「貴人」或「母親」。

● 水（壬、癸）：「朋友」或「兄弟姊妹」或「人際」。

● 木（甲、乙）：「想法」或「不動產」或「展現」。

女生：

● 火（丙、丁）：「工作、財運」或「父親」。

● 土（戊、己）：「壓力」或「損傷」（健康）或「丈夫」。

● 金（庚、辛）：「機會、福氣」或「貴人」或「母親」。

● 水（壬、癸）：「朋友」或「兄弟姊妹」或「人際」。

● 木（甲、乙）：「想法」或「不動產」或「展現」或「小孩」。

（1）重點及注意事項

◎一般來說，「癸」日比較喜歡逢到春夏大運，因為比較能發揮灌溉和滋潤大地的作用，若是逢秋冬運，則比較難發揮功能，除非是非常弱的本命格局，才比較不介意逢到秋冬運，不過癸日主會比壬日主不忌秋。

◎「水」其實是很特別的元素，它不像火土會在夏天較旺盛，反而是越冷、越低溫越旺盛，尤其在冬天，水不但旺盛也結凍。

既然水要在春夏比較有作用，所以基本上，「癸」水就不適合太多、太冷，否則不但容易氾濫成災，也會無法控制，所以最好的狀況，也是中間或中間偏弱的格局，會比較理想，因為若太弱太缺水，也會出現其他問題。

◎若是本命「癸」水是過旺、過冷的格局，就不適合再逢到丙丁火在天干的組合，尤其是火較弱的組合，像「丁丑」、「丙子」、「丁亥」……等，會因為水火直接沖擊且火變不穩定，這樣會是很不理想的狀況。

其實過旺、過冷的水最好的辦法，就是不讓它氾濫成災，像逢冬讓它結凍，或有「戊」

土旺組合來擋水。基本上，「癸」日主其實也不喜歡有木出現，而又逢到金，或有金又遇到木，會直接影響到展現，不管是在本命、大運或流年都是。

◎過旺的癸水通常不喜歡被己土剋，尤其是弱的己土，如果旺的癸水逢到弱的己土，就反過來變成水淹土，而不再是土剋水，滾滾洪流氾濫成災，會是不理想的運勢現象，容易漂流。

過旺的癸水也不宜遇到甲乙木，對木來說很可能變成水多木浮的現象。

◎過弱的癸水搭配命盤，不宜再逢到過旺的燥熱環境，像是木火土出天干的搭配，甲午、戊午、丙午……等，會讓水更弱更無力，即使是屬於好運也無用。

癸日主的基本喜忌歸納：

- 基本上，癸水適合春夏運，但不宜太過燥熱，或是太過濕冷，維持中間或中間偏弱會比較理想。
- 如果癸日主八字搭配太弱，則不宜逢遇火土過旺，或是木過旺，否則本身無法負荷，也沒辦法做任何事，感覺只能被決定。

・如果癸日主八字太旺，則不宜逢遇己土太弱，或是火太弱，甚至是木太弱的組合也不喜歡。

・癸水日主其實不喜逢遇丙丁火出天干，容易有工作財運不穩定的現象。

・冬運的癸水日主不喜歡逢到弱的甲乙木，水多木漂，會有明顯的不穩定現象，甚至是漂流。

・太過弱的癸水如果走火炎土燥的運勢，本身若無法平衡，即使是工作財運好，也會是被工作或財運追著跑的類型，忙碌是必然的，且很可能會忙到沒自我空間，健康也容易出問題。

（2）範例說明

這是一個癸巳日主的男命，生於己酉月，大運是從癸戊申開始的逆運，八歲起運，每十年逢到八就會換大運。

八字本命的部分，主要代表此人的基本條件和個性，以及家運的現象，年柱丁巳屬於偏旺的火，對日主癸巳來說是偏財，月柱己酉是偏弱的己土，而日主癸巳是偏弱的癸水，加上時柱的辛酉是屬於相當旺的金，整體來說，八字本命還算調和，地支的巳酉代表四月和八月，天干金水比重還算不過旺，屬於中間旺度的八字，所以很能表現癸水的特質和個性，聰明有想法，也積極努力。此

時柱	日柱(日主)	月柱	年柱	年限	八字本命
46歲之後	31至45歲	16至30歲	1至15歲	虛歲	
辛酉	癸巳	己酉	丁巳	四柱干支	

58歲至67歲	48歲至57歲	38歲至47歲	28歲至37歲	18歲至27歲	8 歲至17歲	虛歲 年限	大運
癸卯	甲辰	乙巳	丙午	丁未	戊申	干支	

30	29	28	27	26	25	24	23	22	21	20	19	18	17	16	15	14	13	12	11	10	9	8	7	6	5	4	3	2	1 +60	虛歲	流年
丙戌	乙酉	甲申	癸未	壬午	辛巳	庚辰	己卯	戊寅	丁丑	丙子	乙亥	甲戌	癸酉	壬申	辛未	庚午	己巳	戊辰	丁卯	丙寅	乙丑	甲子	癸亥	壬戌	辛酉	庚申	己未	戊午	丁巳	干支	
60	59	58	57	56	55	54	53	52	51	50	49	48	47	46	45	44	43	42	41	40	39	38	37	36	35	34	33	32	31	虛歲	
丙辰	乙卯	甲寅	癸丑	壬子	辛亥	庚戌	己酉	戊申	丁未	丙午	乙巳	甲辰	癸卯	壬寅	辛丑	庚子	己亥	戊戌	丁酉	丙申	乙未	甲午	癸巳	壬辰	辛卯	庚寅	己丑	戊子	丁亥	干支	

命盤的八字本命四柱全陰，也會是屬於比較敏感細膩，很會注意小地方的類型。

一般來說，水日主最理想的狀況是中間偏弱，而此命盤看起來其實算是中間，並不算太旺，比較理想的運勢會是春運，因為過熱的夏運怕太缺水，而過冷的秋冬運則會水氾濫。而此命盤大部分走春夏運，雖然大方向來說是理想的運勢走勢，但是也要注意過於缺水所帶來的影響，畢竟過與不及都會有一些弊病。

大運戊申，從虛歲八歲影響到十七歲，此大運因為年限的關係要分成兩部分來分析，月柱的影響會從虛歲十六歲開始，所以第一部分的戊申運是從八歲到十五歲，而第二部分是十六歲和十七歲。對日主癸巳來說戊申是相當旺的正官，加上年柱丁巳也是偏旺的火，所以現象是火生土，且土剋水，但是水又要剋火，水變得非常弱非常缺少，當日主過弱的時候，代表官殺過旺，壓力大也不得閒，有一種處處受限制的感覺，都要照別人的規矩做。

第一部分的戊申運，影響虛歲八歲到十五歲，流年丙寅和丁卯是十歲和十一歲，出現不穩定的丙丁正偏財流年，和年柱丁巳呼應，會讓日主癸巳更顯不穩定，加上地支出現寅巳申三刑，直接刑到癸水，對日主癸巳是不理想的變動，要注意到健康方面的變動，或是家運方面的不穩定現象。庚午和辛未年是虛歲十四歲和十五歲，出現相當弱的庚辛正偏印，由於年柱和大運的搭配火炎土燥，弱的庚辛金氣流無法金生水，反而讓金更弱更不穩定，對日主癸巳來說既沒有幫助，地支的午未會讓水更弱，明顯是不理想的現象，庚辛印變成不理想的因素，要小心染上壞習慣或是做出不理想的選擇。

第二部分的戊申運，要加入月柱己酉來討論，影響十六歲和十七歲，對日主癸巳來說己酉是偏弱的己土七殺，但因為大運戊申是相當旺的正官，年柱丁巳也會讓己土變旺，官殺都出現的情況，對此命來說會有相當大的壓力，所以會出現反彈現象，想逃避壓力的想法變多，個性開始會有叛逆和主見，會有相當大的變化。

流年方面，壬申和癸酉年是虛歲十六歲和十七歲，出現相當旺的比劫水流年，對本來火土旺的環境有相當大平衡，但比劫過旺的幫身，對水日主來說並不是最理想解決缺水的方式，會太受到比劫影響，不管是好或壞都無法自主，所以要注意人際的影響，近朱者赤，近墨者黑。

大運丁未，從十八歲影響到二十七歲，要考量年柱丁巳、月柱己酉和大運丁未，對日主癸巳的影響，且因為年限關係己酉和丁未的影響力會比較大，因為丁未是非常旺的火偏財，加上年柱的丁巳，火生土會讓月柱的己土變旺，且地支巳午未會火又拱一個午，對日主癸巳來說是一個相當明顯的地支桃花，代表此男命在此丁未大運異性緣會非常好，桃花也很旺，尤其是二十二歲之後。

而此大運丁未的火旺，也代表此人相當有事業心，尤其是錢財方面的掌握，是不吃虧的類型，但並不影響個性的大方和熱心。

流年方面，虛歲二十歲和二十一歲是丙子和丁丑年，出現相當弱的丙丁火正偏財，整個環境出現年柱、大運和流年三個火，重重火出天干，火的力道比水大很多，所以水無法剋火反而被火剋，財不穩定變成明顯現象，要注意工作財運或是感情婚姻的變動，如果還在就學也多少會影響到學業。虛歲二十六歲和二十七歲的壬午和癸未年，出現非常弱的壬癸水比肩劫財，基本上並沒有真正補到水，反而會是更缺水的現象，所以比劫變成忌神，要注意因為人際引起的變動，像是工作財運或感情婚姻。

大運丙午，主要會從二十八歲影響到三十七歲，而因為日柱年限的關係，所以三十一歲之後就要加入地支巳來討論，此大運要分成兩個部分來看，第一個部分是從二十八歲到三十歲，而第二部分則是從三十一歲到三十七歲。丙午是日主癸巳的正財，且是相當旺的水火，現象會和上一個大運丁未差不多，都是火土旺的現象，不過丙午的特性和丁未有些不同，且不同的流年搭配也會產生不同的影響。

第一個部分的丙午運，火旺水弱，水剋不了火反被火剋，看起來財運很不錯，但事實上卻會讓日主癸巳壓力大，有種被錢追著跑的感覺，雖然不至於缺錢，不過忙碌和勞碌卻是必然，甚至會有許多心理壓力。丙午是日主癸巳的正財桃花，所以在這十年大運之中，也要注意感情婚姻的不穩定現象。流年方面，甲申年是虛歲二十八歲，出現相當旺的甲木傷官，但因為水太弱所以水生木非常吃力，且地支巳申又刑到水，現象會是投資或不動產出現變動，很有機會買賣不動產或是創業，不過要注意健康或忙碌帶來的壓力。

第二部分的丙午運，要加入日主地支巳來討論，地支則會有巳午半合火現象，也代表此人的財運更實質的部分是在地支，如果是創業或是業務型的工作，或是其他不穩定型的工作類型，或是投資方面，都會是不錯的選擇，且會有不錯的收益。流年方面，虛歲三十六歲和三十七歲是壬辰和癸巳，出現偏弱的比劫壬癸水，要注意人際引起的變動，尤其是感情婚姻方面。

大運乙巳，會從三十八歲影響到四十七歲，但因為時柱年限的關係，四十六歲開始會被時柱影響，所以此大運要分成兩部分，第一部分從三十八歲到四十五歲，第二部分則是從四十六歲到四十七歲。

乙巳對於日主癸巳來說是相當旺的食神，整體來說是不錯的運勢，尤其是投資或是不動產方面。流年甲午和乙未是虛歲三十八歲和三十九歲，又出現非常旺的甲乙木食傷，水生木現象明顯，但是卻又會感覺無法負荷的水弱，所以木旺的現象勢必會發生，像是投資或是增資擴張，或是買賣不動產，抑或是出現很有展現的事情，甚至是搬家遷移都可能，也可能出現健康方面的狀況，總之除了健康方面，其他的方面會是不錯的結果。

虛歲四十四歲和四十五歲是庚子和辛丑年，出現非常旺的庚辛金正偏印，金生水現象會很明顯，這是很有力的印，相當能紓解缺水現象，是不錯的印流年，但是因為大運的乙巳逢到旺的金，多少會有金剋木現象，還是要注意到各方面的變動現象。

整體來說，會有不錯的機會出現，不管是工作或投資機會，也會有不錯的貴人運來幫助，但要注意到可能帶來的問題，像是貪心造成的各方面壓力，或是投資方面的變動造成的緊繃壓力。

第二部分的乙巳運，會影響四十六歲和四十七歲，要加入時柱辛酉一起來討論，辛酉對日主癸巳來說是屬於相當旺的偏印，明顯會有金生水現象。流年壬寅和癸卯年，是虛歲四十六歲和四十七歲，出現調和的壬癸比劫，對水生木來說是不錯的水，看起來是不錯的人際貴人運，尤其是在工作財運或是投資方面的幫助很大，可以把握。

大運甲辰，屬於春木且是非常理想的甲木，整體來說會比前一個大運乙巳更理想，甲辰本身就代表不錯的展現和能力，對日主癸巳來說，此大運會更上一層樓，尤其是在事業或投資或是個人專業方面，都會有更多的收益和名聲，但是因為時柱辛酉是相當旺的金，所以也會有金剋木的現象，這是比較美中不足的地方，當流年不理想的時候就要多注意。金生水，水生木，但金又剋木，過多的印會剋到食傷。

流年方面，虛歲五十歲和五十一歲的丙午和丁未年，出現過旺的丙丁火正偏財，對日主癸巳來說是過旺的火，會讓本來就缺水的日主癸巳分身乏術，還好時柱的辛酉可以金生水，這時候印是不錯的貴人，但其實丙午丁未也會因為火剋金而讓辛酉變更活潑，既要生水又要剋木，印也會變得不太穩定，要解釋成因為正偏財的緣故，而讓印和食傷都不穩定，也就是超過能力範圍的財進或財出，會影響到很多方面，這樣的流年是一半好一半壞的運勢，因為財進財出都同論，可能是獲利也可能是損失，當事人要很小心，也建議不宜貪心，結果才會是好的財運影響。

虛歲五十四歲和五十五歲的庚戌和辛亥年，出現相當旺的庚辛金正偏印，除了會有明顯金生水現象，還會有金剋木現象，且時柱的辛酉本身已經是非常旺的金，再加上流年的旺金，對大運甲辰木來說，絕對會被金剋木剋很重，這是很不理想的狀況，要非常小心注意，各方面都要注意變動，特別是不動產和投資方面，還有健康方面，甚至是比較意外不預期的狀況。

大運癸卯，從虛歲五十八歲影響到六十七歲，對日主癸巳來說，癸卯是偏弱的比肩，大方向來說要注意人際方面的不穩定，但因為癸卯是春水，所以會是不錯的運勢現象。流年方面，虛歲五十八歲是甲寅年，相當旺的甲木傷官，但要注意到金剋木現象，辛酉明顯會剋傷甲寅，不過大運癸卯除了可以幫忙水生木之外，還可以讓辛酉金生水，讓金洩金變弱，所以人際就會變成貴人，也會是不錯的合作共益對象。

四、相關古文文章參考

參考相關的古文文章，可以更瞭解五行元素的特性和現象，且能幫助於推論環境狀況和五行相互間的作用，因爲這些理論都是源自於古人的智慧結晶。

滴天髓－天干論

◎甲木參天，胞胎要火，春不容金，秋不容土，火熾乘龍，水蕩騎虎，地潤天和，植立千古。

◎乙木雖柔，刲羊解牛，懷丁抱丙，跨雞乘猴，虛濕之地，騎馬亦憂，藤蘿繫甲，可春可秋。

◎丙火猛烈，欺霜侮雪，能煅庚金，逢辛反怯，土眾成慈，水猖顯節，虎馬犬鄉，甲來焚滅。

◎丁火柔中，內性昭融，抱乙而考，合壬而忠，旺而不烈，衰而不窮，如有嫡母，可秋可冬。

◎戊土固重，既中且正，靜翕動闢，萬物司合，水旺物生，火燥喜潤，若在坤艮，怕沖宜靜。

◎己土卑濕，中正蓄藏，不愁木盛，不畏水旺，火少火晦，金多金明，若要物昌，宜助宜幫。

◎庚金帶煞，剛強為最，得水而清，得火而銳，土潤則生，土乾則脆，能勝申兄，輸於乙妹。

◎辛金軟弱，溫潤而清，畏土之疊，樂水之盈，能扶社稷，能救生靈，熱則喜母，寒則喜丁。

◎壬水汪洋，能洩金氣，剛中之德，周流不滯，通根透癸，沖天奔地，化則有情，從則相濟。

◎癸水至弱，達於天津，龍德而運，功化斯神，不畏火土，不論庚辛，合戊見火，火根乃真。

窮通寶鑑

◎論木

木性騰上而無所止，氣重則欲金任使，有金則有惟高惟斂之德。仍愛土重，則根蟠深固，土少則有枝茂根危之患。木賴水生，少則滋潤，多則漂流。甲戌、乙亥、木之源。甲寅、乙卯、木之鄉。甲辰、乙巳、木之生。皆活木也。甲申、乙酉、木受剋。甲午、乙未、木自死。甲子、乙丑、金剋木。皆死木也。生木得火而秀，丙丁相同。死木得金而造，庚辛必利。生木見金自傷，死木得火自焚，無風自止，其勢亂也。遇水返化其源，其勢盡也。金木相等，格謂斲輪。若向秋生，反為傷斧，是秋生忌金重也。

- 木生於春，餘寒猶存。喜火溫暖，則無盤屈之患。藉水資扶，而有舒暢之美。春初不宜水盛，陰濃則根損枝枯。春木陽氣煩燥，無水則葉槁根枯。是以水火二物，既濟方佳。土多而損力，土薄則財豐。忌逢金重傷殘剋伐，一生不閑。設使木旺，得金則良，終生獲福。
- 夏月之木，根乾葉燥，盤而且直，屈而能伸。欲得水盛而成滋潤之力，誠不可少。

切忌火旺而招焚化之憂，故以為凶。土宜在薄，不可厚重，厚則反為災咎。惡金在多，不可欠缺，缺則不能琢削。重重見木，徒以成林，疊疊逢華，終無結果。

• 秋月之木，氣漸淒涼，形漸凋敗。初秋之時，火氣未除，尤喜水土以相滋。中秋之令，果以成實，欲得剛金而修削。霜降後不宜水盛，水盛則木漂。寒露節又喜火炎，火炎則木實。木多有多材之美，土厚無自任之能。

• 冬月之木，盤屈在地，欲土多而培養。惡水盛而忘形。金總多不能剋伐。火重見溫暖有功。歸根復命之時。木病安能輔助，須忌死絕之地，只宜生旺之方。

◎ 論火

金得火和，而能鎔鑄。水得火和，則成既濟。遇土不明，多主蹇塞。逢木旺處，決定為榮。木死火虛，難得永久，縱有功名，必不久長。春忌見木，惡其焚也。夏忌見土，惡其暗也。秋忌見金，金難剋制。冬忌見水，水旺則滅。故春火欲明，不欲炎。炎則不實。秋火欲藏、不欲明。明則太燥，冬火欲生、不欲殺，殺則歇滅。

• 生於春月，母旺子相，勢力並行，喜木生扶，不宜過旺，旺則火炎。欲水既濟，不愁興盛，盛則沾恩。土多則蹇塞埋光。火盛則傷多烈燥。見金可以施功，縱重見用才尤遂。

• 夏月之火，秉令乘權。逢水制則免自焚之咎，見木助必招夭折之患，遇金必作良工，得土遂成稼穡。金土雖為美利，無水則金燥土焦，再加木助，太過傾危。

• 秋月之火，性息體和，得木生則有復明之慶。遇水剋難免隕滅之災。土重而掩息其光。金多而損傷其勢。火見火以光輝，縱疊見而必利。

• 冬月之火，體絕形亡，喜木生而有救，遇水剋以為殃。欲土制為榮，愛火比為利。見金為難任財，無金而不遭害，天地雖傾，火水難成。

◎論土

辰戌丑未，壹心正也。分陰分陽，主則不同。辰有伏水；未有匿木，滋養萬物，春夏為功；戌有藏火；丑有隱金。秋火冬金，肅殺萬物。土聚辰未為貴，聚丑戌不為貴。是土愛辰未、而不愛丑戌也明矣。若更五行有氣，人命逢之，田產無比。晚年富貴悠悠。

• 生於春月，其勢虛浮，喜火生扶，惡木太過，忌水泛濫。喜土比助，得金而制木為祥。金太多仍盜土氣。

・夏月之土，其勢燥烈，得盛水滋潤成功，忌旺火煆煉焦坼。木助火炎，生剋不取。金生水泛，妻才有益，見比肩蹇滯不通。如太過又宜木襲。

・秋月之土，子旺母衰，金多而耗盜其氣，木盛須制伏純良，火重重而不厭，水泛泛而不祥，得比肩則能助力，至霜降不比無妨。

・冬月之土，外寒內溫，水旺才豐，金多子秀，火盛有榮，木多無咎，再加比肩扶助為佳，更喜身主康強足壽。

◎論金

金能生水，水旺則金沉；土能生金，金多則土賤。金無水乾枯；水重、則沉淪無用。金無土則死絕；土重、則埋沒不顯。兩金兩火、最上。兩金兩木、才足。一金生三水，力弱難勝；一金得三木，頑鈍自損。金成則火滅，故金未成器，欲得見火；金已成器，不欲見火。金到申酉巳丑，亦可謂之成也，運喜西北，不利東南。

・生於春月，餘寒未盡，貴乎火氣為榮；性柔體弱，欲得厚土為助；水盛增寒，難施鋒銳之勢；木旺損力，有挫鈍之危，金來比助，扶持最妙。比而無火，失類非良。

・夏月之金，尤為柔弱，形質未備，尤嫌死絕。火多而卻為不厭；水盛而滋潤呈祥；見木而助鬼傷身；遇金而扶持精壯；土薄而最為有用；土厚而埋沒無光。

・秋月之金，當權得令，火來煅煉，遂成鐘鼎之材。土多培養，反惹頑濁之氣。見水則精神越秀；逢木則琢削施威；金助愈剛，剛過則決。氣重愈旺，旺極則衰。

・冬月之金，形寒性冷；木多則難施琢削之功；水盛未免沉潛之患。土能制水，金體不寒，火來助土，子母成功，喜比肩聚氣相扶，欲官印溫養為利。

◎論水

水不絕源，仗金生而流遠，水流泛濫，賴土剋以堤防。水火均，則合既濟之美。水土混，則有濁源之凶。四時皆忌火多，則水受渴。忌見土重，則水不流。忌見金死，金死則水困。忌見木旺，木旺則水死。沈芝云：水命動搖，多主濁濫，女人尤忌之。口訣云：陽水身弱、窮，陰水身弱、主貴。

・生於春月，性濫滔淫，再逢水助，必有崩堤之勢。若加土盛，則無泛漲之憂。喜金生扶，不宜金盛，欲火既濟，不要火多，見木而可施功，無土仍愁散漫。

• 夏月之水，執性歸源，時當涸際，欲得比肩，喜金生而助體。忌火旺而焙乾。木盛則盜其氣。土旺則制其流。

• 秋月之水，母旺子相，表裏晶瑩，得金助則澄清。逢土旺而混濁。火多而財盛，木重而子榮，重重見水，增其泛濫之憂。疊疊逢土，始得清平之意。

• 冬月之水，司令當權，遇火、則增暖除寒，見土、則形藏歸化。金多、反曰無義。木盛、是謂有情。土太過、勢成涸轍。水泛濫、喜土堤防。

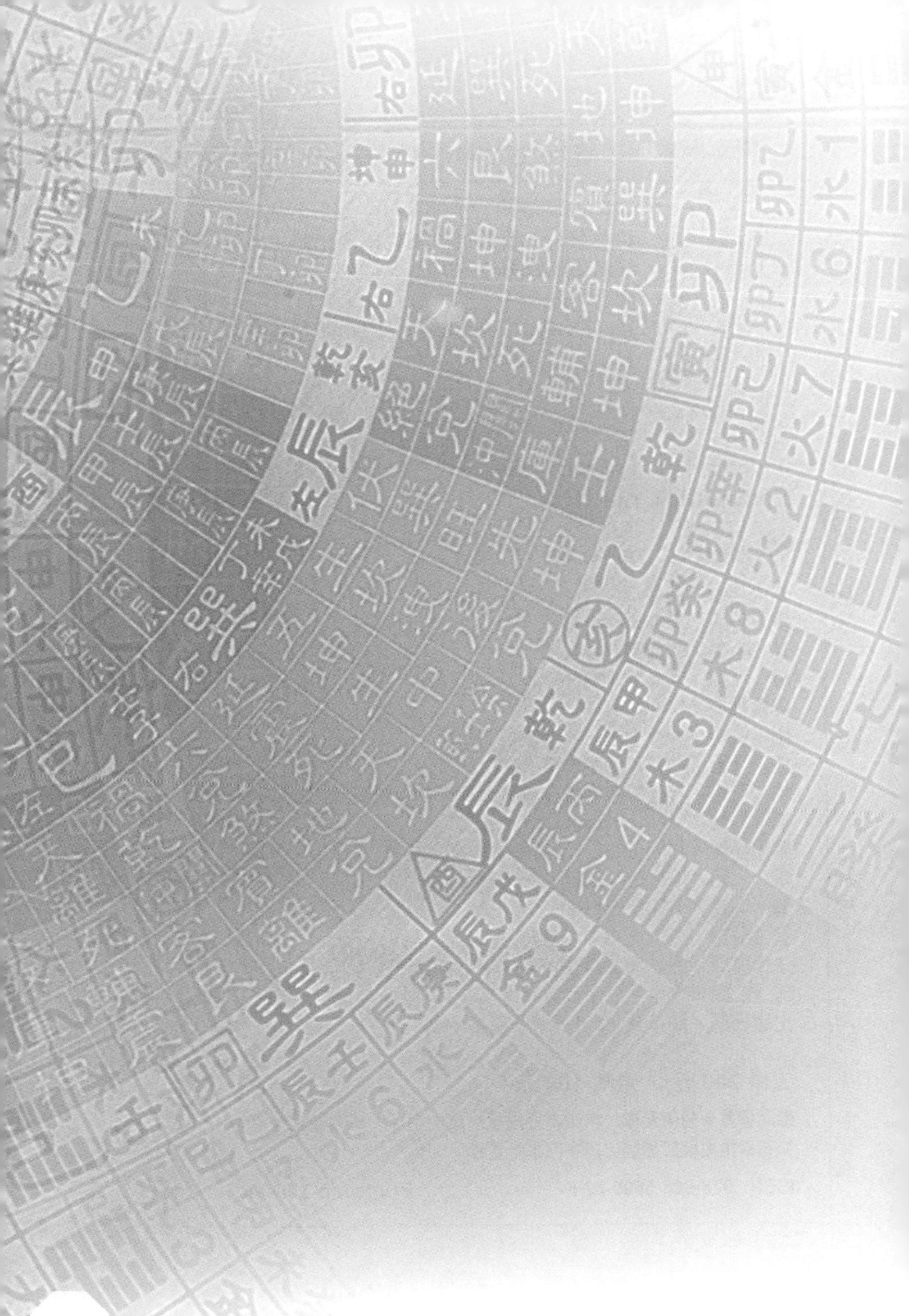

國家圖書館出版品預行編目資料

學八字，這本最好懂／筠綠著.
－－第一版－－臺北市：知青頻道出版；
紅螞蟻圖書發行，2016.12
面　；　公分－－(Easy Quick；153)
ISBN 978-986-5699-82-6（平裝附光碟片）

1.命書 2.生辰八字

293.12　　105021238

Easy Quick 153

學八字，這本最好懂

作　　者／筠綠
發 行 人／賴秀珍
總 編 輯／何南輝
校　　對／周英嬌、筠綠
美術構成／Chris' office
出　　版／知青頻道出版有限公司
發　　行／紅螞蟻圖書有限公司
地　　址／台北市內湖區舊宗路二段121巷19號（紅螞蟻資訊大樓）
網　　站／www.e-redant.com
郵撥帳號／1604621-1　紅螞蟻圖書有限公司
電　　話／(02)2795-3656（代表號）
傳　　真／(02)2795-4100
登 記 證／局版北市業字第796號
法律顧問／許晏賓律師
印 刷 廠／卡樂彩色製版印刷有限公司
出版日期／2016年 12 月　第一版第一刷

定價 300 元　港幣 100 元

ISBN 978-986-5699-82-6　　Printed in Taiwan